CLASSIQUES EN POCHE

*Collection
dirigée
par
Hélène Monsacré*

Dans la même collection

PLAUTE

PSEUDOLUS

Texte établi et traduit par Alfred Ernout
Introduction et notes de Jean-Pierre Néraudau

Troisième tirage

LES BELLES LETTRES

2011

Dans la même collection (suite)

Ce texte et la traduction sont repris du volume correspondant dans la Collection des Universités de France (C.U.F.), toujours disponible avec apparat critique et scientifique. (Plaute, Théâtre, Tome VI, 5ᵉ tirage, 2003)

© 2011, Société d'édition Les Belles Lettres,
95 bd Raspail 75006 Paris.
www.lesbelleslettres.com

Première édition 1998

ISBN : 978-2-251-79933-9
ISSN : 1275-4544

Introduction

*par Jean-Pierre Néraudau**

Comme son père refuse de lui donner l'argent nécessaire pour racheter la jeune femme qu'il aime au proxénète qui la possède, un jeune homme fait appel à un
esclave qui dénoue la situation. Tel est l'argument du
Pseudolus, mais aussi de plusieurs autres pièces de la
comédie latine et de sa source, la « nouvelle comédie »
hellénistique[1].

On ignore quelle pièce grecque Plaute a transposée,
ce qui dans un sens évite de perdre du temps à évaluer
plus ou moins hypothétiquement sa dette envers son
modèle. Nous lirons donc la pièce comme une comédie
autonome, sans être encombré par l'histoire littéraire,
mais en sachant que bien des caractéristiques qu'elle
présente sont empruntées.

* Professeur de littérature latine à l'Université de Paris-III.
1. On trouvera les renseignements nécessaires à la compréhension
d'une comédie grecque et latine dans la notice finale, p. 173.

La pièce a été jouée en 191 avant J.-C. Plaute avait une soixantaine d'années et il écrivait des comédies depuis une vingtaine d'années. Il s'était longuement fait la main et il se sentait désormais maître de son écriture. Le temps était venu pour lui de mettre en scène ses réflexions sur le genre qu'il pratiquait. Le *Pseudolus*, dont l'argument n'a rien d'original, se recommande par l'extrême amplification des deux rôles particulièrement soignés de l'esclave Pseudolus et du proxénète Ballion. La création de ces deux personnages explique sans doute la particulière dilection que Plaute avait pour la pièce. Il s'y ajoutait aussi le constat, bien rassurant pour un auteur, que l'âge n'avait pas émoussé son inventivité[2].

Plaute avait l'habitude de commencer ses comédies par un prologue où un personnage expliquait l'intrigue qui allait être jouée. Il se trouve que le prologue du *Pseudolus* est perdu, à l'exception de deux vers qui ne disent rien d'intéressant. Peut-être d'ailleurs ce prologue perdu ne disait-il pas grand-chose de l'intrigue, puisque les vers 51 et suiv. l'exposent clairement et habilement. Quoi qu'il en soit, nous n'avons comme *a priori* pour aborder la pièce que le témoignage de Cicéron sur l'intérêt que Plaute lui portait. Voilà une autre aubaine : pas de source connue, pas de prologue explicatif. La pièce est laissée tout entière à notre estimation. À nous maintenant de la savourer comme une comédie favorite de son auteur.

Pseudolus, ou l'actualisation hyperbolique du rôle de l'esclave

Pseudolus est l'esclave chargé de résoudre la question posée en préalable : comment faire pour que le

---

2. Cicéron, *Cato Maior siue De senectute*, XIV, 50, où l'on voit que Plaute aimait en même temps que le *Pseudolus* le *Truculentus*, composé peu après.

jeune homme entre en possession de la femme qu'il aime ? Son nom, qui signifie « le menteur » ou « l'imposteur », résume le caractère de son rôle et le moteur de son action. Tous les esclaves meneurs de jeu pourraient porter ce nom, sans que cependant toutes les pièces puissent porter ce titre. Pseudolus, en effet, accomplit son rôle tout au long de la pièce de manière hyperbolique, comme le fait le *miles gloriosus*, le « soldat fanfaron » qui donne son titre à la pièce composée par Plaute sans doute à la même époque.

Pseudolus est si impatient d'entrer dans son rôle qu'il pousse Calidore, dont la méfiance exacerbe sa vanité, à lui demander vingt mines (vers 114) et qu'il provoque ainsi le départ de l'intrigue comique. En ce sens on peut dire qu'il veut actualiser le rôle, le faisant passer de la puissance à l'acte, du virtuel au réel, ou, pour le dire analogiquement en termes grammaticaux, qu'il lui cherche une fonction dans un discours à inventer. C'est pourquoi il accumule tous les traits physiques que se partagent les esclaves de comédie (vers 1218-1220) :

> « C'est un rouquin ventru, de gros mollets, noiraud, une grosse tête, l'œil vif, le teint enluminé, des pieds immenses. »

Par tous ces caractères il se signale dans le code comique, inspiré par la physiognomonie, comme un vaurien accompli.

Pseudolus occupe presque constamment la scène, puisque c'est lui qui ouvre la pièce (vers 3-12) et qui la ferme avec l'appel traditionnel aux applaudissements (vers 1333-1335). Il en est cependant absent entre les vers 767 et 904, puis entre les vers 1052 et 1245, soit 332 vers sur les 1335 que compte la comédie. Ces absences sont justifiées, la première explicitement par la nécessité d'aller au forum, et la seconde par la logique dramatique, puisque la ruse a triomphé et que l'action est achevée. L'action, mais pas encore la comédie. Pseudolus laisse alors la scène à ses dupes. Il réalise ainsi l'une des fonctions implicites de son rôle, qui est de révéler le caractère des autres personnages[3]. Présent donc presque constamment, Pseudolus tantôt occupe la scène et mène le jeu, tantôt, dissimulé dans un coin, surveille les personnages à leur insu, et tantôt seul médite et se confie. Et c'est précisément quand il est seul qu'il actualise le plus totalement son rôle.

Dans son premier monologue en sénaires iambiques (vers 394-414), il s'adresse à lui-même et avoue n'avoir aucune idée de ce qu'il va faire pour satisfaire la passion de son jeune maître, Calidore. Au vers 414, l'intrigue n'est pas encore nouée, et, le temps de ce monologue, Pseudolus se présente comme le poète devant ses tablettes vierges, au moment donc de l'*inuentio*. La démarche qui consiste à trouver « ce qui n'existe nulle part », puis à donner « une apparence de vérité à ce qui est mensonge » (vers 402-403) révèle l'essence de la comédie. Elle est pure création et pure fiction, et, à l'intérieur de l'illusion, la ruse de l'esclave est elle-même création d'une fiction. La certitude de trouver cette ruse nécessaire à l'accomplissement du rôle procède de la nature même de la comédie latine qui imite la comédie grecque.

L'aspect réflexif de la pièce est accentué par le fait que les inévitables victimes, ici le père du jeune homme et le proxénète, savent que Pseudolus se prépare à les tromper. Dans les vers 415-561, Pseudolus lance à Simon le défi de le duper malgré toutes ses précaution et porte à sa limite le processus comique, en affichant clairement le jeu. S'il y a comédie, il y a nécessairement ruse et dupes. Or, si le rusé se présente comme tel, les dupes parient, contre toute vraisemblance interne à la comédie, que pour une fois elles échapperont à leur rôle, ce qui entraînerait l'immédiat abandon de la comédie. Simon et son ami Calliphon sont cependant bons

---

3 . Voir ci-dessous, pp. XXIV et XXVII.

connaisseurs et amateurs de comédie, puisque le premier avoue son impatience à voir commencer celle que Pseudolus va leur donner et que le second renonce à un séjour à la campagne pour y assister :

> *Indice ludos nunciam, quando lubet.*

« Allons, annonce dès maintenant l'ouverture des jeux, puisqu'il te plaît ainsi », dit Simon (vers 546).

> *Lubidost ludos tuos spectare, Pseudole.*

« J'ai envie d'assister aux jeux que tu vas nous donner », dit Charinus (vers 552).

Reconnu comme ordonnateur des *ludi* par deux personnages devenus spectateurs, Pseudolus, à qui Plaute a délégué sa fonction d'inventeur d'intrigue, n'a pas avancé dans son monologue des vers 562-573, encore en sénaires iambiques. Cette fois il s'adresse au public et se présente comme un personnage qui ne réalise pas encore le rôle qui lui revient, et il renouvelle son assurance de trouver le moyen d'y parvenir, c'est-à-dire le moyen de sauver la comédie. Il s'identifie aux poètes comiques qui regardent la scène vide qu'ils veulent animer et il partage les affres de leur recherche (vers 568-569) :

> « Quand on se présente sur la scène, il faut y apporter d'une manière nouvelle quelque nouvelle invention. »

Cette quête de l'intrigue nécessite une réflexion solitaire qui justifie la sortie de Pseudolus.

Le temps d'un intermède musical, il est de retour sur la scène, seul encore et s'adressant à lui-même, mais le ton a changé (vers 574-594). Il chante sur des mètres variés le triomphe de ses entreprises dont cependant il ne dit rien de précis. Gonflé de paroles et emporté par la folie du langage, il exécute un air de bravoure au sens propre du terme, dans lequel il se métamorphose en *miles gloriosus* qui se réclame de ses ancêtres (lui, un esclave !) et rêve de grands exploits propres à lui valoir une brillante renommée. C'est un des deux grands airs du rôle, à la fois chanté et dansé, sur une musique animée, qui accompagne l'entrée en scène d'un nouveau personnage, qui, comme par hasard, est le valet du *miles*, rival de Calidore. La chanson de Pseudolus introduit sur la scène la sphère du *miles* absent représenté par son valet. La musique continue d'accompagner le dialogue de Pseudolus et du valet, mais sur le rythme devenu régulier des trochaïques septénaires (vers 604-766).

C'est sur ce rythme que Pseudolus, dans un nouveau monologue (vers 667-693), célèbre, parmi des lieux communs philosophiques, deux des éléments moteurs de la comédie, la déesse Fortune d'abord, dont l'Opportunité est personnifiée (vers 669) : « Car l'Opportunité elle-même, ne pouvait m'offrir rencontre plus opportune », et l'opportunisme, qui est l'art de saisir la chance qui passe. Il renonce au plan qu'il avait élaboré et que l'arrivée d'Harpax a rendu caduc. Mais comme il ne dit rien de ce plan, il donne l'impression d'abandonner une intrigue de comédie au profit d'une autre, qui va désormais être jouée et que la Fortune vient d'inspirer. Qu'en est-il de l'intrigue abandonnée ? Dans quelle oubliette est-elle tombée ? Pseudolus mime ici le progrès de l'*inuentio*, qui aboutit à la découverte de l'intrigue par le poète dramatique dont l'imagination vient d'être fécondée par la chance.

Après l'*inuentio* vient la *dispositio*. Déjà aux vers 383 et suiv., Pseudolus, en bon metteur en scène de la pièce, avait demandé à Calidore de lui trouver un auxiliaire, dont il avait défini les qualités, et il avait refusé d'en dire plus sur ses intentions, pour ne pas prolonger la comédie (vers 388). Cet auxiliaire, Charinus, arrive avec Calidore aux vers 695 et suiv. Pseudolus refuse de leur raconter la scène avec Harpax que les spectateurs ont déjà vue (vers 720-721). À Charinus il demande un nouvel auxiliaire qu'il définit très précisément et qui devra tenir le rôle du valet envoyé par le militaire.

L'intrigue désormais est en place, et Pseudolus peut dans un bref monologue en trochaïques septénaires enrober de quelques images guerrières sa confiance dans l'avenir (vers 758-766).

Après son absence de la scène, il revient pour un long dialogue, chanté et dansé sur des mètres variés, avec Singe, qui se montre très insolent envers son metteur en scène (vers 905-955). Cette scène, dont nous verrons l'intérêt pour la compréhension des rôles[4], est nécessaire pour maintenir le dynamisme d'un dénouement prématurément assuré. C'est aussi la fonction de la scène suivante (vers 956-1016), dans laquelle Singe affronte Ballion, sous le regard compétent et inquiet de Pseudolus, qui craint de voir échouer son plan. Aux vers 984-989, une péripétie semble tout compromettre, quand Ballion demande à Singe, qui l'ignore, le nom du militaire qui a acheté la jeune femme. Singe toutefois se tire bien de la difficulté et trompe le *leno*.

Pseudolus, resté en observation, exprime son angoisse qui est à la fois celle du metteur en scène de la pièce et celle du personnage qui joue là sa renommée (vers 1017-1036). Spectateur de la scène, il dicte aux spectateurs de la pièce les sentiments qu'ils doivent éprouver. Mais les éprouvent-ils vraiment, eux qui sont habitués aux intrigues de comédies ? Tout cela est du jeu, et Singe réussit sa mission, comme il fallait s'y attendre.

Pseudolus peut alors laisser la scène à ses dupes Ballion et Simon, qui découvrent sa supercherie. Il revient au vers 1246, pour le second grand air de son rôle, un long monologue chanté et dansé en polymètres (vers 1246-1284). Il raconte le banquet qui a célébré sa victoire et au cours duquel il s'est enivré. Sur le même rythme il règle ses derniers comptes avec Simon et achève la comédie. Ainsi l'ivresse de la parole, qui caractérise les esclaves et que Pseudolus porte

4. Voir ci-dessous, pp. XIX-XXI.

à son comble, cesse d'être métaphorique et lui permet un triomphe complet sur sa victime.

Pseudolus, ou la révélation des arcanes de la création comique

En actualisant le rôle de l'esclave, Plaute révèle le secret de la composition et de la nature d'une comédie. Il a laissé à Pseudolus le soin de se débrouiller de l'impossible mission de duper des victimes conscientes et sûres d'échapper à leur destin comique. Il n'est pas incongru de parler ici de destin, car le code comique fonctionne comme le déterminisme mythologique dans la tragédie. Plaute conduit le spectateur à en prendre conscience en parodiant à plusieurs reprises le registre tragique. Dès les tout premiers vers, Pseudolus se présente comme un confident de tragédie qui tente d'arracher à son maître le secret de sa douleur. Plus qu'aucun autre jeune homme du théâtre comique, Calidore prend des postures tragiques, dont sans cesse Pseudolus brise la grandiloquence par ses plaisanteries. Mais, plus loin dans la pièce, c'est lui, Pseudolus, qui adopte délibérément un ton « grandiose » (*magnufice*, vers 702) pour aborder Calidore (vers 703) :

Io, te turanne, te rogo qui imperitas Pseudolo.

« Io ! C'est toi, prince, que je demande, toi qui as toute puissance sur Pseudolus. »

Charinus, qui assiste à la scène, reconnaît l'onomatopée qui annonce dans les tragédies un passage pathétique et dans le mot *turanne* l'appellation emphatique des souverains. Il entend aussi la rupture entre ce début pompeux et l'ironie du verbe *imperitas* qui convient si mal à la réalité des relations entre Calidore et son esclave. Aussi trouve-t-il, pour désigner le jeu de Pseudolus, le verbe juste, *paratragoedat*, « il joue au tragédien » (vers 707).

En jouant ainsi, Pseudolus se crée à force de paroles un personnage fictif, comme le font les héros tragiques, quand sur scène ils se constituent par la parole et, à force de cultiver leur fureur, parviennent à un délire qui transforme leur humanité en héroïsme. La tragédie et la comédie ont en commun d'être du théâtre, c'est-à-dire une fabrique d'illusion créée par les mots sur une scène. Pseudolus, spectateur de lui-même, se donne en spectacle aux autres personnages et aux véritables spectateurs.

Mais le personnage fictif qui se construit sur la scène, comme un personnage tragique, rêve aussi de la grandeur épique. Simon est complice de cette illusion quand il dit à Ballion qu'il vient voir « ce qu'a fait [son] Ulysse, et s'il a déjà enlevé la statue de la citadelle ballionienne » (vers 1063-1064), ou quand il dit à Pseudolus (vers 531-532) :

> « Si vraiment tu accomplis ces opérations, comme tu t'en vantes, tu aurais surpassé en vaillance le roi Agathoclès. »

Ce roi de Syracuse, qui avait organisé une expédition contre Carthage, sert aussi de référence, en même temps qu'Alexandre le Grand, à l'esclave Tranion qui s'interroge dans la *Mostellaria* (vers 775-777 et suiv.) :

> « On dit qu'Alexandre le Grand et Agathoclès ont tous deux réalisé de grands exploits ; que va-t-il m'arriver, à moi, le troisième, qui, tout seul, accomplis des actions immortelles ? »

Pseudolus n'est donc pas le seul dans le théâtre de Plaute à s'imaginer dans le rôle épique d'un grand capitaine. Du reste, il partage cette illusion avec Singe, qui lui dit (vers 917-918) :

> *Quippe ego ne ti contemnam,*
> *Stratioticus homo qui cluear ?*

« Mais si je ne faisais pas l'insolent, comment passerais-je pour un homme de guerre ? »

Or l'adjectif *stratioticus* nous renvoie à deux vers du *Miles gloriosus* prononcés par l'esclave du soldat fanfaron (vers 1358-1359) :

> *Eheu, quom uenit mi in mentem ut mores mutandi sient,*
> *Muliebres mores discendi, obliuiscendi stratiotici.*

« Hélas ! Lorsque je songe à quel point il va falloir que je change d'habitudes, que j'apprenne celles des femmes, que j'oublie celles des militaires ! »

Le mot définit donc la sphère de la virilité et de la guerre dans laquelle les esclaves se projettent en imagination.

Pseudolus aussi mêle dans son exaltation la ruse et l'exploit, par exemple dans son monologue des vers 574-594, quand il parle d'une grande entreprise qu'il ne faut pas confier à un cœur timide (*facinus magnum timido cordi credere*, vers 576) et qu'il imagine ses ruses rangées comme des troupes en ligne de bataille (*dolos, perfidias*, vers 580), ou encore quand il se voit « né pour jeter la terreur et la panique chez [ses] ennemis » (vers 589). Dans son imagination il est un foudre de guerre et son plan devient une stratégie militaire, où la ruse est élevée au rang des exploits guerriers. Le délire qui s'empare de lui ne peut se résoudre, comme cela se fait dans la comédie, que dans l'ivresse du vin et dans le trébuchement du corps qui arrête le spectacle (vers 1278 b).

Il est une autre confusion que commet Pseudolus, quand il place son monologue sous l'égide de Jupiter (vers 574). Lui-même montre que la réussite de son entreprise est aidée par le hasard et par la déesse *Fortuna* (vers 680). C'est cette déesse, et non le *fatum* tragique, qui mène le jeu. Aussi les tonalités tragiques et épiques ne peuvent-elles être que parodiques et traduire l'égarement des personnages hors des bornes de leur condition. Dans le *Pseudolus* la part du hasard est limitée à l'arrivée opportune d'Harpax. On n'y trouve pas la reconnaissance merveilleuse d'un enfant jadis perdu ou

enlevé qui réalise le dénouement de bien d'autres comédies, et la jeune femme qu'aime Calidore n'est pas
la fille d'un voisin ni, ce qui serait plus piquant, celle
de Simon. La place de la *fortuna* est évoquée, parce
qu'elle est constitutive de l'univers comique, mais elle
est restreinte pour permettre l'amplification du rôle de
l'esclave et de sa ruse. Pseudolus a su saisir ce que la
fortuna lui offrait et il reste maître de l'intrigue.

Le tragique et l'épique sont donc des formes du délire de Pseudolus qui intervient dans une histoire qui
est en réalité simplement lyrique. Calidore, dans la première scène s'est enfermé dans un silence que Pseudolus
transforme par ses questions en tourment tragique, mais
cette tonalité ne tient pas longtemps. Calidore est sous
l'empire de Vénus (vers 15), non pas de la Vénus tout
entière à sa proie attachée des tragédies de la passion,
mais de la Vénus malicieuse des amours lyriques. La
lettre de Phénicie, dont Pseudolus entrecoupe la lecture
par ses commentaires, commence et s'achève comme
une héroïde d'Ovide, mais raconte l'histoire triviale et
romanesque d'une fille vendue à un militaire, avant de
développer des suggestions érotiques qui ne dépare-
raient pas une élégie des *Amours* du même Ovide (vers
41-44 ; 51-59 ; 64-74).

La double fonction assignée à cette lettre, qui met en
place l'argument initial de la comédie et y introduit le
ton élégiaque, la voue à mêler la trivialité et la douceur.
Aussi Pseudolus a-t-il beau jeu de briser le ton de
Calidore et de ramener ses plaintes à un motif comique.
Quand Calidore se complaît dans la mollesse mièvre de
l'élégie, par exemple aux vers 27-28, où il décline les
grâces du charme *(lepos)* :

> *Qur inclementer dicis* lepidis *litteris,*
> Lepidis *tabellis,* lepida *conscripta manu* ?

« Pourquoi traiter si brutalement ces charmants caractères,
ces charmantes tablettes qu'une charmante main a couvertes
de son écriture ? »,

ou au vers 63, quand il croit boire « un breuvage mêlé de douceur et d'amertume » *(dulce amarumque)*, Pseudolus parle de pattes de poule (vers 29) et de larmes faites de drachmes d'argent (vers 100). Il faut du reste imaginer ce que deviennent les douceurs sucrées de Phénicie dans la bouche de Pseudolus. De quelles mimiques et de quels gestes l'acteur ne devait-il pas souligner « les délicates morsures imprimées sur de mignonnes et tendres lèvres… » (vers 67) ? Le personnage muet de Phénicie, qui n'apparaît que furtivement au moment où elle sort de la maison du *leno* (vers 1038 et suiv.), a trouvé, pour la représenter, la voix la plus mal accordée à ses mièvreries. À un autre moment, Pseudolus se présente à Harpax comme le défenseur de la porte de Ballion, et il esquisse ainsi un jeu sur le motif bien connu du paraclausithyron, le « poème à la porte » pratiqué par les poètes élégiaques (vers 605-606). Il le parodie une nouvelle fois, quand voyant s'ouvrir la porte de Ballion, il imagine que la maison a mal au cœur et qu'elle « vomit le *leno* en personne » (vers 952-953).

Pseudolus est donc maître du ton de la comédie, dont il révèle la nature composite et parodique. Il est lui-même victime des illusions tragique et épique, et il brise volontairement le ton lyrique. À travers lui la comédie s'installe dans un univers littéraire où tous les tons sont à contretemps et en décalage. Mais, en se jouant des styles, elle révèle les ambiguïtés des personnages de théâtre, situés entre la fonctionnalité d'un rôle et l'individualisation de leur caractère. Le *Pseudolus* illustre cet aspect en grossissant à la loupe le personnage de l'esclave, surtout représenté par le rôle-titre, mais démultiplié par trois autres esclaves, Harpax, Singe, et un jeune esclave de Ballion.

Les compléments au rôle de Pseudolus : Harpax, Singe et le jeune esclave de Ballion

Harpax, ainsi nommé parce qu'il a « pour habitude d'enlever les ennemis vivants du champ de bataille » (vers 655), fait son entrée en scène au vers 592. Malgré son nom, qui était aussi celui de l'ambre qui attire par aimantation les petits objets, et malgré son côté bravache, il est victime de la ruse de Pseudolus. Peut-être était-il préparé à ce rôle par l'extrême soumission à son maître absent, dont il fait le fondement de l'éthique servile qu'il expose dès son retour sur la scène (vers 1103-1115), avant de découvrir avec Ballion et Simon la supercherie dont il a été la victime. Il est à la fois une ébauche et un faire-valoir de Pseudolus dont il a l'imagination et l'insolence sans avoir son audace. Comme lui, mais par imitation sans doute de son maître qui est militaire, il se rêve en guerrier, prétendant même qu'il était dans sa patrie général en chef (*imperator summus*, vers 1171)

Le rôle de Singe est beaucoup plus important dans l'économie de la pièce. Son nom le désigne comme un imitateur, ce qu'il est d'abord en se faisant passer pour le valet du militaire, rôle que Pseudolus ne peut pas tenir auprès de Ballion qui le connaît. Pseudolus, qui demande à Charinus de lui trouver un auxiliaire, définit toutes les qualités qu'il attend de lui et qui sont les siennes. Charinus, qui connaît à peine Singe, fait cependant de lui un portrait exalté, car il a reconnu en lui l'esclave capable de résoudre les habituelles difficultés des jeunes gens de la comédie. Au total, Singe paraît avoir trois qualités essentielles : il est « malin, roué, madré », plus quelques autres qui font de lui un caméléon propre à s'adapter à toutes les circonstances (vers 724-727 ; 729 ; 739-751).

Dans la liste des personnages, il est défini comme un

sycophante, c'est-à-dire comme un professionnel de la fourberie, un double donc de Pseudolus. C'est pourquoi la scène entre les deux esclaves éclaire leur fonction d'un jour révélateur .

Singe, qui, comme Pseudolus, s'imagine en héros guerrier, entraîne de plus son personnage dans une autre fiction, quand il s'imagine en face d'Harpax, le valet du militaire (vers 925-930) :

> « Jamais, par Pollux, il ne sera Harpax plus que moi. Courage ! Je t'arrangerai cette affaire à souhait. Par mes ruses et par mes mensonges, je jetterai dans une telle peur ce soudard étranger qu'il conviendra qu'il n'est pas ce qu'il est et qu'il proclamera que c'est moi qui suis à sa place. »

On reconnaît en filigrane la grande scène d'*Amphitryon*, dans laquelle Mercure déguisé en Sosie persuade celui-ci qu'il n'est pas lui-même. La tentation de Singe le porte ici vers une forme que Plaute a appelée la tragi-comédie (*Amphitryon*, vers 59), dans laquelle la scène entre Sosie et Mercure est exemplaire du vertige que provoque le jeu du masque en faisant se dérober sous les pas du personnage la fermeté de sa personnalité.

Singe est par rapport à Pseudolus dans la même situation que Pseudolus par rapport à Calidore, à la différence près, qui est considérable, que Calidore est le fils du maître de Pseudolus. Singe, donc, se présente en rival de Pseudolus (vers 932-933) :

> « Il n'est jusqu'à toi, mon maître en la matière, que je ne me charge de surpasser en ruses et en mensonges, sache-le. »

Et Pseudolus, qui lui dicte son rôle, est aussi le spectateur de la manière dont il le remplit. Il regarde agir son double et il avoue qu'il en a peur (vers 1019-1020) :

> « J'en ai moi-même une peur bleue ; j'ai une crainte terrible que ce malin n'exerce sa malice contre moi. »

Ainsi l'insolent metteur en scène de la fourberie a trouvé un maître qu'il comprend d'autant mieux qu'il est un autre lui-même. Une autre comédie serait ici possible, si Singe avait l'idée qu'il est en train de tirer les marrons du feu au profit de Pseudolus. Mais, heureusement pour Pseudolus, Singe n'a pas lu *Le Singe et le Chat* de La Fontaine et il s'acquitte honnêtement de sa mission, sans s'aviser que le rôle du chat convient bien mal à son nom. Il est à parier qu'à sa place Pseudolus aurait agi tout autrement. Mais, comme il le dit lui-même, « les comédies sont assez longues comme cela » (vers 388)…

Le rôle de Singe complète donc celui de Pseudolus, tant dans sa fonction de metteur en scène de l'intrigue que dans sa qualité d'esclave de comédie. Autre est la fonction du jeune esclave de Ballion, qui a droit à un monologue aux vers 767-789. Il y décrit sa misère et sa peur et ne cache pas qu'il aimerait trouver un amant qui l'en libère. Il deviendrait volontiers un de ces *pueri delicati*, mignons d'un homme libre, qui semblent avoir existé dans les grandes demeures grecques et romaines. Les vers 774 et surtout 785-788 sont clairs sur ce point, avec une touche de cynisme érotique qui se retrouve dans les questions que Ballion pose à Harpax sur son enfance (vers 1177-1181). Il s'agit d'un personnage d'esclave très éloigné de ceux de Pseudolus et de Singe, et sa fonction semble être surtout d'éclairer le personnage de Ballion, auquel il appartient.

L'actualisation hyperbolique du personnage du *leno* et le rôle de Pseudolus

Le personnage de Ballion occupe dans la pièce une place très importante. En effet, il se livre dans les vers 133-229 à un étourdissant numéro chanté et dansé sur des mètres variés. Il y fait la revue de ses esclaves et des filles qui lui appartiennent, dans laquelle il manifeste jusqu'à l'hypertrophie les défauts attachés à son rôle, violence, âpreté au gain, mépris cynique de toutes les valeurs. Ce sont ces défauts qui le guident dans l'entretien qu'il a avec Pseudolus et Calidore (vers 229-393). Il y écoute avec gourmandise, allant même jusqu'à les encourager, le chapelet d'injures que Calidore et Pseudolus lui lancent, car toutes le confortent dans son rôle de *leno*. L'insulter, c'est lui donner sa personnalité et en même temps c'est reconnaître l'excellence de son rôle. Quand il revient sur scène, c'est pour un dialogue avec un cuisinier qu'il vient de ramener chez lui et qu'il traite avec la même violence qu'il manifestait envers son personnel. Le monologue du jeune esclave, qui précède cette scène, en est l'ouverture. Ballion est vu par l'intermédiaire du *puer*, dont la faiblesse morale est l'écho de celle de son maître. Aussi est-il conforme à l'esprit de la comédie que Ballion soit dupé.

L'hypertrophie de ce rôle s'explique en fonction du rôle-titre. Il fallait à Pseudolus, dont le rôle est aussi hypertrophié pour être exemplaire de tous les rôles d'esclaves rusés du théâtre comique, un adversaire de même envergure. Ce pouvait être le père ou le proxénète. C'est le proxénète, choisi de préférence au père, sans doute parce qu'il aurait été délicat, au regard des mœurs, d'hypertrophier le rôle d'un père et de le charger de tout le cynisme que Ballion affiche et que Simon trouve excessif (vers 1130). Ballion méprise toutes les valeurs et en premier la *pietas* envers les dieux et envers les pères.

Ce contempteur de toute forme de morale a l'audace de se présenter comme un prêtre qui saurait abandonner le rite du sacrifice si un gain s'offrait à lui (vers 265-268). Et ce sacrifice qu'il imagine serait destiné à Jupiter. Calidore dans sa naïveté surenchérit sur les illusions incongrues de Ballion et s'apprête à lui offrir un sacrifice comme à Jupiter lui-même (vers 326 et suiv.).

Assurément cette mégalomanie sacrilège ne pouvait être le fait de Simon. Ce n'est pas que Plaute ait toujours

ménagé les pères. D'ailleurs, Simon ne l'est pas, et la
pièce va même jusqu'à établir entre lui et Ballion un rapport de complicité. Simon a prévenu Ballion des intentions de Pseudolus (vers 897-904), dont ils saluent avec
la même satisfaction l'échec supposé (vers 1063-1100).
Et c'est ensemble encore qu'ils s'amusent d'Harpax
qu'ils prennent pour un dissimulateur. La pièce révèle
ici une équivalence fonctionnelle entre le rôle du père et
celui du *leno*. C'est ce que constate Harpax, quand, les
trouvant tous deux en face de lui, il les définit comme
des *senes* (vers 1190). Tous deux sont, en effet, des obs-
tacles à la réalisation du désir des jeunes gens.

Cependant, leurs caractères diffèrent tant en intensi-
té qu'en qualité. Chacun a conscience qu'il tient un rôle
codé dans une comédie. Ballion sait ce qui relève ou non
de ce rôle qu'il entend tenir à la perfection. *Non lenoniumst*, « ce n'est pas d'un *leno* », dit-il à propos des
bons conseils (vers 289). Quant à Simon, il balance entre
le rôle du père en colère (vers 415 et suiv.) et celui du
père indulgent, que lui conseille son ami Calliphon (vers
427 et suiv.). Le *leno* joue donc la méchanceté absolue,
qui est l'hyperbole de son rôle, alors que Simon garde
un certain sens moral et une propension à l'indulgence
qui lui vient peut-être de sa jeunesse folle (vers 436-
442).

D'autre part, Simon est ladre, alors que le *leno* dé-
sire gagner de l'argent pour le dépenser. Sa cupidité se
traduit dans la structure de la pièce par un changement
de rythme. En effet, au vers 265, Ballion cesse de chan-
ter et de danser sur des vers variés et passe au rythme
suivi des trochaïques septénaires. La raison de ce changement ? Pseudolus a prononcé le mot *lucro*, « le
profit » et dès lors le *leno* se calme et devient attentif. La
grande affaire qui l'occupe dans la pièce est la célébra-
tion de son anniversaire. « Je veux traiter magnifiquement de très hauts personnages », dit-il, « pour qu'ils me
croient à mon aise » (vers 167), et ce désir d'ostentation

s'exprime dans le souhait d'être appelé « le roi Jason » (vers 193). Le dialogue avec le cuisinier illustre le conflit de la méfiance, obsessionnelle chez Ballion, et du désir de consommation (vers 790-892).

Le personnage de Ballion a été hypertrophié pour justifier le rôle de Pseudolus qui pendant un certain temps l'observe à son insu et commente sa violence, par exemple au vers 202 :

« Je me sens bouillir de colère à l'entendre parler. »

Cette colère explique la virulence de son action contre le personnage qui se moque de toutes les lois morales et religieuses et qui profère des maximes cyniques, comme celle-ci (vers 281) :

« La honte se supporte plus aisément que le regret. »

L'indignation de l'esclave Pseudolus témoigne en faveur de sa bonne nature et son action devient une sorte de croisade morale contre l'image de la méchanceté.

On conçoit que le père de Calidore ne pouvait être chargé d'autant de vices, alors qu'il en fallait autant pour justifier le délire de Pseudolus. C'est bien ce personnage qui organise l'ensemble de la pièce. Il y tient le rôle de révélateur des ressorts habituels de la comédie et aussi des principaux thèmes qu'elle aborde. Le plus important ici, c'est la relation des maîtres et des esclaves.

Maîtres et esclaves

Bien que la comédie se déroule dans un univers de fantaisie et qu'il soit imprudent de lui chercher un référent dans la réalité, le sujet des rapports entre les maîtres et les esclaves était sans doute délicat dans une civilisation qui connaissait l'esclavage et qui avait encore pour idéal le respect de la puissance paternelle. La structure familiale que présente la comédie existait dans la réali-

té, où les enfants de la famille et les esclaves avaient en
commun d'être soumis à la puissance du père. Le statut
de Pseudolus peut se dire en termes de réalité. Il est l'esclave de Simon, commis au service de Calidore, qui
n'est pas son maître, mais, comme lui, sujet de Simon. Il
pouvait s'établir une sorte de complicité entre le fils et
l'esclave et une commune révolte contre l'autorité qui
les maintenait tous deux en tutelle.

D'autre part, la loi faisait de l'esclave un bien comparable à tous les autres biens du maître, troupeaux,
meubles ou immeubles. L'esclave, qui n'avait pas
d'existence juridique, dépendait du bon vouloir de son
maître, qui pouvait le vendre et qui avait tous les droits
sur lui. Le maître le récompensait ou le châtiait à sa
guise, et les châtiments corporels n'étaient pas interdits.
Un des châtiments possibles était d'envoyer l'esclave
coupable de quelque faute à la campagne, dans l'exploi-
tation agricole où il devrait travailler la terre ou tourner
la roue du moulin, au lieu de profiter des agréments de
la ville.

Mais une chose est la loi, autre chose les mœurs.
Dans la société hellénistique qui a sécrété la nouvelle
comédie, et dans la Rome du IIᵉ siècle, les structures
archaïques avaient perdu de leur rigueur. Les esclaves
faisaient partie de la vie des hommes et des femmes
libres, et toutes les formes de relations entre eux sont
concevables, y compris et surtout les relations affec-
tives. Il est possible que dans l'univers des comédies le
comique naisse du décalage entre le discours menaçant
des maîtres et la réalité, de même qu'il naît de l'invrai-
semblable dialogue entre Pseudolus et Simon aux vers
471-472 :

> Pseudolus : – « Va, dis tout ce que tu voudras,
> quoique j'aie une dent contre toi ».
> Simon : – « Toi, une dent contre moi ? Un esclave
> contre son maître ? »

Un tel dialogue ne serait pas possible entre Ballion,

le méchant, qui a toujours la menace à la bouche et le fouet à la main, et ses esclaves. C'est une des marques de sa méchanceté. Mais pour Pseudolus le fouet et le bâton ne sont que des menaces, et les deux extrêmes entre lesquels son sort semble balancer, la gloire d'Agathoclès ou la roue du moulin, sont aussi fantaisistes l'un que l'autre.

Cependant la comédie, pour fonctionner, a besoin d'une relation de sujétion entre les esclaves et les maîtres. Dans le *Pseudolus* cette relation est exploitée sur divers modes. Le premier qui apparaît sur la scène est la relation entre Pseudolus et Calidore. La complicité possible que nous avons évoquée est poussée à l'extrême. Le jeune homme libre, lui-même esclave de sa passion amoureuse, s'est mis entièrement entre les mains de Pseudolus, au point qu'il inverse la relation de pouvoir qu'il n'a pas sur lui (vers 383). Quand Calidore se soumet à lui et lui demande :

Quid imperas ?

« Qu'ordonnes-tu ? »,

Pseudolus ordonne qu'il lui trouve un homme capable d'« exécuter parfaitement ses ordres » (*qui imperata ecfecta reddat*, vers 386). C'est le monde à l'envers, au regard de la loi réelle, mais cet envers est l'endroit de l'univers comique.

Maître auprès de Calidore, Pseudolus reste esclave auprès de Simon avec qui sa relation devient là encore plus problématique. En effet, les dernières postures de Simon dans la pièce sont misérables. On le voit en suppliant aux pieds de Pseudolus tenter de sauver une part de l'argent qu'il lui doit, et il quitte la scène pour s'en aller boire avec l'esclave qui, à cette condition, lui promet une remise sur la somme. Alors Pseudolus, gardant dans l'ivresse quelque chose de sa jactance guerrière, résume la situation en citant le mot que le chef gaulois Brennus avait prononcé après la prise de Rome : *Vae uictis* (vers 1317). Et cette fin semble la revanche de l'esclave sur son maître. Mais cette revanche peut-elle sortir de l'univers comique ?

Faut-il tirer une morale de la pièce ?

En fait, Pseudolus est une fois de plus un révélateur. Si Calidore n'était pas soumis au règne de Vénus et Simon à celui de l'argent, il n'aurait sur eux aucune prise. En livrant leur faiblesse à un être sans pouvoir, ils lui en confèrent un qui est considérable et qui ne peut qu'être mis au service de la subversion des valeurs sociales. L'esclave n'a, en effet, aucune raison de leur être attaché, d'autant que ceux qui en sont en principe les défenseurs manquent à leur rôle. Nanti d'un pouvoir qui ne lui revient pas, l'esclave, qui n'a pas de personnalité établie dans l'ordre social, s'en cherche une dans l'ordre de l'imaginaire.

Pseudolus, paradoxalement, représente la liberté de l'imagination qu'ignorent les autres personnages, le grain de folie qui déborde les conventions et s'épanouit dans le banquet final qui célèbre le triomphe du désir. Il est important que la menace des coups et du moulin pèse sur lui, car il est ainsi le seul, dans la pièce, à prendre des risques. S'il y a une morale dans la comédie, c'est peut-être celle-là. Le personnage le plus libre est l'esclave, car son esclavage lui est extrinsèque et lui donne toutes les audaces, à l'inverse de l'esclavage des autres qui est intrinsèque et qui génère toutes les peurs.

Et cette éventuelle morale est confortée par les autres exemples que présente la pièce. Ballion terrorise son entourage et son petit esclave rêve de se prostituer. À l'inverse, le soldat absent de la pièce offre à son esclave Harpax un modèle assimilable, sans doute parce qu'il vit lui-même dans l'imaginaire. Harpax est la voix de son maître.

Mais faut-il vraiment chercher une morale dans ce théâtre ? Il ressemble par quelques traits à la vie réelle. Plaute, qui transpose une comédie grecque, y introduit ici ou là des détails romains. Ainsi Calidore déclare qu'il a les mains liées par la loi des vingt-cinq ans (vers 303). Il s'agit de la *Lex Plaetoria* qui, dans le but de protéger les mineurs de moins de vingt-cinq ans, poursuivait ceux qui tentaient d'abuser de leur inexpérience. Mais ce trait romain et quelques autres sont greffés sur une intrigue qui se passe en Grèce. Ils ne sont nullement les indices d'une romanisation du modèle, mais plutôt, malgré les apparences, des marques de brouillage spatial, qui créent un univers de fantaisie, une utopie abstraite, où rien ne doit paraître réaliste. Ainsi trouve-t-on à quelques vers d'écart une allusion au préteur devant qui se faisait à Rome l'affranchissement des esclaves, un trait romain donc (vers 358), et une allusion à l'habileté de Socrate, qui vient du modèle grec (vers 465). Ainsi encore arrive-t-il à Pseudolus de mêler à son discours des mots grecs, par exemple aux vers 443 ; 483-484 et 488. Et quand Harpax se présente à lui, il sait immédiatement la signification de son nom et il en joue (vers 654).

Cependant, une lecture politique de la pièce a été proposée qui suggère que Pseudolus et Ballion sont les caricatures de deux hommes politiques de l'époque, que les spectateurs auraient reconnus immédiatement à un certain nombre de traits[5]. La chose n'est pas impossible et démontrerait que l'extrême codification du fonctionnement des comédies offre des structures assez schématiques pour pouvoir, en effet, servir de grille de lecture à des événements réels. En ce sens, nous retrouvons l'équivalence entre la mythologie et le code comique. Mais une telle lecture, quand bien même elle serait assurée, échapperait aujourd'hui à notre appréhension de la pièce.

---

5. Voir A. Arcellaschi, « Politique et religion dans le *Pseudolus* », dans *REL*, LVI, 1979 (1978), p. 115-141.

De plus, Plaute a ajouté au modèle grec la musique qui accompagne les monologues ou les dialogues, accentuant ainsi l'irréalité de l'univers comique. Dans le *Pseudolus* les parties parlées en sénaires iambiques et les parties en rythme constant occupent chacune 41 % de la pièce ; le reste, soit 18 %, est en chants polymètres[6]. On sait que dans ces passages chantés et dansés le chant et la danse étaient répartis entre deux acteurs, ce qui donnait lieu à deux performances attendues du public, comme le sont les grands airs de l'opéra baroque. Les monologues délirants de Pseudolus, comme le déchaînement verbal de Ballion, étaient les grands moments du spectacle. Alors, les idées que la lecture du texte fait apparaître ou les allusions contemporaines étaient noyées dans la mise en scène d'une atmosphère ludique qui se prêtait mal à la réflexion, de même qu'on ne réfléchit guère en voyant les divertissements du *Bourgeois gentilhomme* ou du *Malade imaginaire*.

La comédie de Plaute est d'abord un festival de la parole efficiente, parlée ou chantée, qui crée l'univers spectaculaire au fur et à mesure qu'elle est formulée. Les considérations morales et philosophiques qui étaient présentes dans les pièces grecques se perdent dans l'étourdissement que provoque la langue totalement fantaisiste de Plaute. Elle a naturellement la syntaxe et le vocabulaire du latin, mais elle abonde en parodies littéraires, en jeux sur les mots, en images inattendues qui en font une langue spécifique à la comédie. Prenons un premier exemple de cette fantaisie dans le monologue de Pseudolus qui attend devant la porte du *leno* que Singe ressorte avec Phénicie (vers 1033-1035) :

> *Cor conligatis uasis expectat meum,*
> *Si non educat mulierem secum simul,*
> *Vt exulatum ex pectore aufugiat meo.*

6. P. Grimal, *Le Lyrisme à Rome*, Paris, PUF, 1978, p. 63-64.

> « Mon cœur a déjà fait son paquetage et n'attend
> plus, si l'autre n'emmène pas la belle avec lui, que le
> moment de s'enfuir de ma poitrine pour une terre
> d'exil. »

En trois vers Plaute entremêle trois réseaux métaphoriques, pour personnifier le cœur en militaire (avec *uasis*), en fugitif, comme un déserteur ou un esclave transfuge (avec *aufugiat*), en exilé enfin (avec *exulatum*). Ainsi se donne à voir la virtuosité rhétorique et poétique de Plaute, qui laisse son imagination s'emballer. On pourrait citer bien d'autres exemples d'analogies accumulées, comme l'imagerie qui apparaît dans la critique débridée de l'emploi des herbes en cuisine que fait avec un emportement comique le cuisinier de Ballion (vers 803-822). Encore ces exemples sont-ils pris dans des passage en sénaires iambiques. La fantaisie est encore plus libérée dans les airs chantés.

Alors, n'allons pas chercher dans le *Pseudolus* une psychanalyse de la société romaine ou une caricature de son histoire. Déjà les auteurs grecs, et Ménandre en particulier, étaient essentiellement soucieux de la dramaturgie et n'évoquaient les questions de politique et de morale que parce qu'elles étaient dans l'air du temps. Plaute a suivi leur exemple et l'a poussé à son extrême en accentuant par la musique l'irréalité de son univers. Le *Pseudolus*, comme tout le théâtre, est un spectacle conçu pour être regardé et entendu. Or nous lisons la pièce, et encore, pour beaucoup de lecteurs, en traduction. De là, les contresens qui risquent d'en dénaturer les intentions.

Écoutons plutôt l'épitaphe que, selon Varron, Plaute aurait composée pour lui-même :

Postquam est mortem aptus Plautus, Comoedia luget,
Scaena est deserta, dein Risus, Ludus Iocusque
Et numeri innumeri simul omnes conlacrimarunt.

« Depuis que la mort a saisi Plaute, la comédie est en deuil, la scène déserte : les Ris, les Jeux, la Plaisanterie, les Rythmes innombrables s'accordent tous pour le pleurer[7]. »

---

7. Aulu-Gelle, *Nuits attiques*, I, 24, 3, qui a trouvé l'épitaphe chez Varron.

PSEUDOLUS

PERSONNAGES

PSEUDOLUS, esclave de Simon, attaché à Calidore.
CALIDORE, fils de Simon, amant de Phénicie.
BALLION, léno.
ESCLAVES DE BALLION.
COURTISANES DE BALLION.
SIMON, vieillard, père de Calidore.
CALLIPHON, vieillard, ami de Simon.
HARPAX, valet de militaire.
CHARINUS, jeune homme, ami de Calidore.
UN ESCLAVE DE BALLION.
UN CUISINIER.
SINGE, agent d'intrigue.
PHÉNICIE, maîtresse de Calidore, personnage muet.

PERSONAE

PSEVDOLVS SERVVS
CALIDORVS ADVLESCENS
BALLIO LENO
LORARII
MERETRICES
SIMO SENEX
CALLIPHO SENEX
HARPAX CACVLA
CHARINVS ADVLESCENS
PVER
COCVS
SIMIA SYCOPHANTA
(PHOENICIVM)

PROLOGVS

Exporgi meliust lumbos atque exsurgier :
Plautina longa fabula in scaenam uenit.

⟨ACTVS I⟩

PSEVDOLVS   CALIDORVS
SERVVS   ADVLESCENS

PS. Si ex te tacente fieri possem certior,
 Ere, quae miseriae te tam misere macerent,
 Duorum labori ego hominum parsissem lubens,   5
 Mei te rogandi et tis respondendi mihi.
 Nunc quoniam id fieri non potest, necessitas
 Me subigit ut te rogitem. Responde mihi :
 Quid est quod tu exanimatus iam hos multos dies
 Gestas tabellas tecum, eas lacrumis lauis,   10
 Neque tui participem consili quemquam facis?
 Eloquere, ut quod ego nescio id tecum sciam.
CA. Misere miser sum, Pseudole!

PROLOGUE

Mieux vaut se détendre les reins et se mettre debout :
une longue comédie de Plaute vient occuper la scène[1].

(ACTE I)

(SCÈNE I)

PSEUDOLUS   CALIDORE

PSEUDOLUS. – Si ton silence, mon maître, pouvait
m'apprendre quels chagrins te consument si cruellement, je me serais fait un plaisir d'épargner une peine à
deux personnes, à moi, celle de te questionner, à toi celle
de me répondre. Mais puisque cela n'est pas possible, la
nécessité m'oblige à te presser de questions. Réponds-
moi : qu'as-tu depuis tous ces jours-ci pour avoir l'air
d'un moribond, tenant sans cesse ces tablettes à la main,
les baignant de tes larmes, sans mettre personne dans ta
confidence ? Parle, que je sache avec toi ce secret que
j'ignore.

CALIDORE *(en soupirant)*. – Je suis malheureux, bien
malheureux, Pseudolus.

1. Fragment d'un prologue mutilé à date ancienne.

PS.   Id te Iuppiter
      Prohibessit!
CA.   Nil hoc Iouis ad iudicium attinet :
      Sub Veneris regno uapulo, non sub Iouis.   15

PS. Licet me id scire quid sit? Nam tu me antidhac
      Supremum habuisti comitem consiliis tuis.
CA. Idem animus nunc est.
PS.   Face me certum quid tibist;
      Iuuabo aut re | aut opera aut consilio bono.

CA. Cape has tabellas, tute hinc narrato tibi,   20
      Quae me miseria et cura contabefacit.
PS. Mos tibi geretur. Sed quid hoc, quaeso?
CA.   Quid est?

PS. Vt opinor, quaerunt litterae hae sibi liberos :
      Alia aliam scandit.
CA.   Ludis iam ludo tuo.

PS. Has quidem pol credo, nisi Sibulla legerit,   25
      Interpretari | alium posse neminem.

CA. Qur inclementer dicis lepidis litteris,
      Lepidis tabellis, lepida conscriptis manu?

⟨PS.⟩ An, opsecro hercle, habent quas gallinae manus?
      Nam has quidem gallina scripsit.
CA.   Odiosus mihi es.   30
      Lege, uel tabellas redde.
PS.   Immo enim pellegam.
      Aduortito animum.
CA.   Non adest.
PS.   At tu cita.
CA. Immo ego tacebo, tu istinc ex cera cita.

PSEUDOLUS. – Que Jupiter t'en préserve !

CALIDORE. – Jupiter n'a rien à voir dans cette affaire : c'est sous l'empire de Vénus que je souffre, non sous le règne de Jupiter.

PSEUDOLUS. – Pourrais-je savoir de quoi il s'agit ? Jusqu'ici tu m'as toujours pris pour le confident le plus intime de tes pensées.

CALIDORE. – Je suis encore dans les mêmes sentiments.

PSEUDOLUS. – Informe-moi de ce que tu as ; je t'aiderai ou de mon argent, ou de mes services, ou d'un bon conseil.

CALIDORE. – Prends ces tablettes ; par elles tu te raconteras à toi-même les chagrins et les soucis qui me rongent.

PSEUDOLUS. – On t'obéira. Mais qu'est-ce que cela, je te prie ?

CALIDORE. – Quoi ?

PSEUDOLUS. – M'est avis que ces lettres veulent avoir des enfants : elles grimpent les unes sur les autres.

CALIDORE. – Te voilà déjà avec tes plaisanteries !

PSEUDOLUS. – Je crois, par Pollux, qu'à moins d'avoir la Sibylle pour les déchiffrer, personne n'est capable d'y comprendre goutte.

CALIDORE. – Pourquoi traiter si brutalement ces charmants caractères, ces charmantes tablettes qu'une charmante main a couvertes de son écriture ?

PSEUDOLUS. – Par Hercule, est-ce que les poules auraient aussi des mains, je te prie ? Car il faut une poule pour avoir tracé ces lettres.

CALIDORE. – Tu es assommant. Lis ou rends les tablettes.

PSEUDOLUS. – Non, je lirai, et tout. Fais bien attention.

CALIDORE. – Ai-je l'esprit présent ?

PSEUDOLUS. – Eh bien ! somme-le de comparaître.

CALIDORE. – Non ; je ne dirai rien, moi. Adresse-toi

Nam istic meus animus nunc est, non in pectore.
PS. Tuam amicam uideo, Calidore.
CA.   Vbi ea est, opsecro?   35
PS. Eccam in tabellis porrectam; in cera cubat.
CA. At te di deaeque, quantumst ...
PS.   Seruassint quidem!
CA. Quasi solstitialis herba paulisper fui :
    Repente exortus sum, repentino occidi.
PS. Tace, dum tabellas pellego.
CA.   Ergo quin legis?   40
PS. 'Phoenicium Calidoro amatori suo
    Per ceram et linum litterasque interpretes
    Salutem inpertit et salutem abs te expetit
    Lacrumans titubanti | animo corde et pectore.'
CA. Perii! Salutem nusquam inuenio, Pseudole,   45
    Quam illi remittam.
PS.   Quam salutem?
CA.   Argenteam.
PS. Pro lignean salute uis argenteam
    Remittere illi? Vide sis quam tu rem geras.
CA. Recita modo; ex tabellis iam faxo scies,
    Quam subito argento mi usus inuento siet.   50
PS. 'Leno me peregre militi Macedonio
    Minis uiginti uendidit, uoluptas mea,
    Et prius quam hinc abiit quindecim miles minas
    Dederat; nunc unae quinque remorantur minae.

à cette cire pour le faire comparaître. Car c'est là qu'il réside maintenant, et non plus dans ma tête.

PSEUDOLUS. – Je vois ta maîtresse, Calidore.

CALIDORE. – Où est-elle, je te prie ?

PSEUDOLUS. – La voici, allongée sur ces tablettes ; elle est couchée sur la cire.

CALIDORE. – Que les dieux et les déesses, tant qu'ils sont, te...

PSEUDOLUS. – Te protègent, tu veux dire.

CALIDORE. – Comme l'herbe née sous le solstice d'été, ma durée fut éphémère : né soudain à la lumière, j'ai soudainement cessé de vivre.

PSEUDOLUS. – Tais-toi, pendant que je lis ces tablettes.

CALIDORE. – Eh bien, lis donc.

PSEUDOLUS. – « Phénicie à Calidore son amant, par le truchement de cette cire, de cette cordelette[2], et de ces caractères, envoie son salut et lui demande salut pour une amante éplorée, qui sent chanceler son esprit, son cœur et son âme. »

CALIDORE. – Ô désespoir ! Je ne trouve nulle part le moyen de lui rendre son salut, Pseudolus.

PSEUDOLUS. – Comment veux-tu le lui rendre ?

CALIDORE. – En argent.

PSEUDOLUS – Pour un salut sur bois, tu veux le lui rendre en argent ! Réfléchis, s'il te plaît, à l'affaire où tu t'engages.

CALIDORE. – Lis toujours ; ces tablettes auront vite fait de t'apprendre quel besoin d'argent me presse.

PSEUDOLUS. – « Le léno m'a vendue vingt mines à un militaire de Macédoine, et va m'expédier à l'étranger, ô plaisir de ma vie ! Avant de partir d'ici, le militaire a versé d'avance quinze mines ; il n'en reste plus que cinq à payer ; il n'y a plus que les cinq mines à payer qui me

2. Il s'agit de la cordelette qui lie les tablettes de cire sur lesquelles la lettre est écrite.

Ea caussa miles hic reliquit symbolum, 55
Expressam in cera ex anulo suam imaginem,
Vt, qui huc adferret eius similem symbolum,
Cum eo simul me mitteret. Ei rei dies
Haec praestituta est, proxima Dionysia.'

CA. Cras ea quidem sunt; prope adest exitium mihi, 60
Nisi quid mi in ted est auxili.

PS. Sine pellegam.'

CA. Sino; nam mihi uideor cum ea fabularier.
Lege; dulce amarumque una nunc misces mihi.

PS. 'Nunc nostri amores, mores, consuetudines,
Iocus, ludus, sermo, suauisauiatio, 65
Compressiones artae amantum corporum,
Teneris labellis molles morsiunculae,
'Nostrorum orgiorum • • • • • iunculae,' 67b
Papillarum horridularum oppressiunculae,
Harunc uoluptatum mihi omnium atque itidem tibi
Distractio, discidium, uastities uenit, 70
Nisi quae mihi in test aut tibist in me salus.
Haec quae ego sciui ut scires curaui omnia;
Nunc ego te experiar quid ames, quid simules. Vale.'

CA. Est misere scriptum, Pseudole.

PS. Oh! miserrime.

CA. Quin fles?

PS. Pumiceos oculos habeo; non queo 75
Lacrumam exorare ut expuant unam modo.

CA. Quid ita?

PS. Genus nostrum semper siccoculum fuit.

retiennent ici. Aussi le militaire a-t-il laissé ici une marque de reconnaissance, l'empreinte sur cire de son portrait gravé sur son anneau, pour que le léno me remît aux mains de celui qui apporterait de sa part un cachet semblable. Le jour de la livraison est fixé aux prochaines Dionysies[3]. »

CALIDORE. – Et c'est demain ! Ma perte est proche, si tu ne viens à mon secours.

PSEUDOLUS. – Laisse-moi achever.

CALIDORE. – Je te laisse ; à t'entendre, je me figure que je cause avec elle. Lis ; c'est pour moi un breuvage mêlé de douceur et d'amertume.

PSEUDOLUS. – « Voilà que nos amours, nos mamours, nos chères habitudes, nos jeux, nos ris, nos propos, nos doux baisers, les intimes étreintes de nos corps amoureux, les délicates morsurettes imprimées sur de mignonnes et tendres lèvres, les chères jouissances de nos ébats, les caresses prodiguées sur un sein palpitant, tous ces plaisirs que nous partagions vont nous être à tous deux ravis, enlevés, arrachés, si nous ne trouvons, moi en toi, ou toi en moi quelque moyen de salut. J'ai voulu te faire savoir tout ce que je savais moi-même. Je verrai maintenant à l'épreuve si tu m'aimes ou si tu fais semblant. Adieu. »

CALIDORE. – Voilà une lettre pitoyable, Pseudolus !

PSEUDOLUS. – Ah ! pitoyable n'est pas assez dire.

CALIDORE. – Pourquoi ne pleures-tu pas ?

PSEUDOLUS. – J'ai des yeux de pierre ponce ; j'ai beau les prier, je n'arrive pas à leur faire cracher une larme.

CALIDORE. – Comment cela ?

PSEUDOLUS. – Notre famille a toujours été celle des yeux secs.

---

3. Fêtes célébrées à Athènes en l'honneur de Dionysos. Elles comportaient des représentations théâtrales. Plaute a conservé l'indication de la circonstance où fut représentée la pièce grecque qu'il imite.

CA. Nilne adiuuare me audes?
PS.   Quid faciam tibi?
CA. Eheu!
PS.   Eheu? Id quidem hercle ne parsis; dabo.
CA. Miser sum, argentum nusquam inuenio mutuum ...   80
PS. Eheu!
CA.   Neque intus nummus ullus est.
PS.   Eheu!
CA. Ille abducturus est mulierem cras.
PS.   Eheu!
CA. Istocine pacto me adiuuas?
PS.   Do id quod mihi est;
    Nam is mihi thensaurus iugis in nostra domost.

CA. Actumst de me hodie. Sed potes tu mutuam   85
    Drachumam dare unam mihi, quam cras reddam tibi?

PS. Vix hercle ,opinor, si me opponam pignori.
    Sed quid ea drachuma facere uis?

CA.   Restim uolo
    Mihi emere.

PS.   Quam ob rem?

CA.   Qui me faciam pensilem.
    •Certum est mihi ante tenebras tenebras persequi.   90

PS. Quis mi igitur drachumam reddet, si dedero tibi?
    An tu te ea caussa uis sciens suspendere,
    Vt me defrudes, drachumam si dederim tibi?

CA. Profecto nullo pacto possum uiuere,
    Si illa a me abalienatur atque abducitur.   95

PS. Quid fles, cucule? uiues.

CA.   Quid ego ni fleam,
    Quoi nec paratus nummus argenti siet
    Neque libellai spes sit usquam gentium?

CALIDORE. – Tu ne veux rien faire pour m'aider ?

PSEUDOLUS. – Que puis-je faire pour toi ?

CALIDORE. – Hélas !

PSEUDOLUS. – Hélas ! Cela, par Hercule, n'en sois pas avare ; je t'en donnerai.

CALIDORE. – Que je suis malheureux ! je ne trouve nulle part d'argent à emprunter.

PSEUDOLUS. – Hélas !

CALIDORE. – Et je n'ai pas un seul denier à la maison.

PSEUDOLUS. – Hélas !

CALIDORE. – L'autre va emmener ma belle demain.

PSEUDOLUS. – Hélas !

CALIDORE. – Est-ce là ta façon de m'aider ?

PSEUDOLUS. – Je te donne ce que j'ai. De cette monnaie-là, j'ai une réserve inépuisable à la maison.

CALIDORE. – C'en est fait de moi aujourd'hui. Mais ne peux-tu pas me prêter une drachme seulement, que je te rendrai demain ?

PSEUDOLUS. – J'aurais bien de la peine à y arriver, je crois, même si je donnais en gage toute ma personne. Mais que veux-tu faire de cette drachme ?

CALIDORE. – M'acheter une corde.

PSEUDOLUS. – Pour quoi faire ?

CALIDORE. – Pour me pendre. Oui, j'y suis résolu, avant la nuit, j'aurai rejoint la nuit éternelle.

PSEUDOLUS. – Alors, qui est-ce qui me rendra la drachme, si je te la prête ? Est-ce que tu veux te pendre tout exprès pour m'escroquer la drachme que je t'aurai prêtée ?

CALIDORE. – Non, vraiment, non ! je ne puis plus vivre si on me l'enlève pour la donner à un autre.

PSEUDOLUS. – Pourquoi pleures-tu, nigaud ? Tu vivras.

CALIDORE. – Comment ne pleurerais-je pas, quand je n'ai pas un sou vaillant, pas une obole à espérer au monde ?

PS. Vt litterarum ego harum sermonem audio,
Nisi tu illi drachumis fleueris argenteis, 100
Quod tu istis lacrumis te probare postulas,
Non pluris refert quam si imbrem in cribrum geras.
Verum ego te amantem, ne paue, non deseram.
Spero alicunde hodie me bona opera aut ʼhoc meamʼ
Tibi inuenturum esse auxilium argentarium. 105
Atque id futurum unde unde dicam nescio,
Nisi quia futurum est; ita supercilium salit.

CA. Vtinam quae dicis dictis facta suppetant!

PS. Scis tu quidem hercle, mea si commoui sacra, 110
Quo pacto et quantas soleam turbelas dare.

CA. In te nunc omnes spes sunt aetati meae.

PS. Satin est si hanc hodie mulierem efficio tibi
Tua ut sit aut si tibi do uiginti minas?

CA. Satis, si futurumst.

PS.   Roga me uiginti minas,
Vt me effecturum tibi quod promisi scias. 115
Roga, opsecro hercle! Gestio promittere.

CA. Dabisne argenti mi hodie uiginti minas?

PS. Dabo; molestus nunciam ne sis mihi.
Atque hoc, ne dictum tibi neges, dico prius :
Si neminem alium potero, tuum tangam patrem. 120

CA. Di te mihi semper seruent! Verum, si potest,
Pietatis caussa, uel etiam matrem quoque.

---

4. Le texte est ici corrompu.
5. C'était un présage favorable.

PSEUDOLUS. – Autant que je puis entendre le langage de cette lettre, à moins que tu ne lui pleures de bonnes drachmes d'argent, toutes les larmes que tu verses pour prouver tes bons sentiments ne feront pas plus que si tu portais de l'eau dans un crible. Mais n'aie pas peur, je ne t'abandonnerai pas dans tes amours. J'espère aujourd'hui de quelque manière par mes bons soins, ou par...[4] te trouver quelque part un secours d'argent. D'où me viendra-t-il ? D'où ? je n'en sais, ma foi, rien. Mais il viendra. Je le sens à mon sourcil qui tressaille[5].

CALIDORE. – Pourvu que l'événement réponde à tes paroles !

PSEUDOLUS. – Tu sais pourtant bien, par Hercule, quand je pars en campagne[6], quel désordre et quel remue-ménage je suis capable de faire.

CALIDORE. – En toi repose maintenant tout l'espoir de ma vie.

PSEUDOLUS. – Seras-tu satisfait si aujourd'hui même je t'assure la possession de la belle, ou si je te procure vingt mines ?

CALIDORE. – Sans doute ; si tu y parviens.

PSEUDOLUS. – Demande-moi vingt mines, pour t'apprendre que je puis faire ce que je t'ai promis. Demande, je t'en prie, par Hercule ! Je brûle d'en prendre l'engagement.

CALIDORE. – Me donneras-tu aujourd'hui vingt mines de bon argent ?

PSEUDOLUS. – Je les donnerai. Ne m'assomme pas davantage. Et, pour que tu n'ailles pas dire que je ne t'ai rien dit, je t'avertis d'une chose : si je ne peux taper personne d'autre, je taperai ton propre père.

CALIDORE. – Les dieux le gardent toujours à mon affection ! Mais si c'est possible, par piété filiale, tape aussi ma mère.

---

6. Il y a là une expression rituelle utilisée à contre-emploi et dont le sens littéral serait : « mettre en mouvement les instruments sacrificiels », c'est-à-dire s'apprêter à accomplir un sacrifice.

PS. De istac re in oculum utrumuis conquiescito.
CA. Oculum, anne in aurem?
PS.   At hoc peruolgatumst minus.
    Nunc, ne quis dictum sibi neget, dico omnibus,   125
    Pube praesenti in contione, omni poplo,
    Omnibus amicis notisque edico meis,
    In hunc diem a me ut caueant, ne credant mihi.
CA. St! tace, opsecro hercle.
PS.   Quid negoti est?
CA.   Ostium   129. 130.
    Lenonis crepuit.
PS.   Crura mauellem modo.
CA. Atque ipse egreditur intus, periuri caput.

———

7. L'expression *pube praesenti in contione, omni poplo* est une
expression politique définissant l'ensemble du peuple, *populus*,
convoqué à l'assemblée et dans lequel on distinguait la classe des
mobilisables, *pubes*.

PSEUDOLUS. – Pour ce qui est de ton affaire, tu peux dormir sur tes deux yeux.

CALIDORE. – Mes deux yeux ? Ou mes deux oreilles ?

PSEUDOLUS. – Le premier est moins banal. Maintenant, pour qu'on ne puisse pas dire qu'on n'en a rien su, je le dis à tous, en présence de la jeunesse, en pleine assemblée, au peuple tout entier[7], je notifie à tous mes amis et connaissances, d'avoir à se méfier de moi pour aujourd'hui, et de ne pas m'en croire.

CALIDORE. – Chut ! tais-toi, par Hercule, je t'en prie.

PSEUDOLUS. – Qu'est-ce qui arrive ?

CALIDORE. – J'entends craquer la porte du léno.

PSEUDOLUS. – J'aimerais mieux entendre craquer ses jambes[8].

CALIDORE. – Le voici qui sort en personne, ce traître achevé !

8. Allusion au craquement des os sous les coups de bâton, ou dans l'étau où l'on enserrait les jambes des esclaves coupables.

BALLIO   LORARII (V. MERETRICES) IV
LENO
PSEVDOLVS   CALIDORVS   (PVER)
SERVOS   ADVLESCENS

BA. Exite, agite exite, ignaui, male | habiti et male conciliati,
Quorum numquam quicquam quoiquam uenit in men-
tem ut recte faciant,
Quibus, nisi ad hoc exemplum experior, non potest usura
usurpari. 135
Neque ego homines magis asinos numquam uidi, ita
plagis costae callent;
Quos quom ferias, tibi plus noceas. Eo enim ingenio,
hi sunt flagritribae,
Qui haec habent consilia : ubi data occasiost, rape,
clepe, tene,
Harpaga, bibe, es, fuge. Hoc est
Eorum officium, ut mauelis lupos apud ouis quam hos
domi 140
Linquere custodes.
At faciem qum aspicias eorum, hau mali uidentur :
opera fallunt.
Nunc adeo hanc edictionem nisi animum aduortetis omnes,
Nisi somnum socordiamque ex pectore oculisque exmouetis,
Ita ego uestra latera loris faciam ut ualide uaria sint, 145
Vt ne peristromata quidem aeque picta sint Campanica,
Neque Alexandrina beluata tonsilia tappetia.
Atque heri iam edixeram omnibus dederamque eas
prouincias :
Verum ita uos estis praediti †neglegentes† ingenio inprobo,
Officium uestrum ut uos malo cogatis commonerier; 150
Nempe ita animati | estis uos : uincitis duritia hoc atque me.

(SCÈNE II)

BALLION ESCLAVES COURTISANES
PSEUDOLUS CALIDORE

(Pseudolus et Calidore se tiennent à l'écart)

BALLION *(aux esclaves).* – Sortez, allons, sortez, fainéants, mauvaise acquisition, mauvaise marchandise, dont pas un n'aurait jamais l'idée de rien faire de bien, et dont je ne puis tirer aucun service qu'en m'y prenant de la sorte. *(Il les bat.)* Je n'ai jamais vu d'ânes comme ces gaillards-là, tant ils ont les côtes endurcies aux coups. On peut les battre, on se fait plus mal qu'à eux. Telle est leur nature : c'est la mort des fouets. Ils n'ont que ces idées en tête : dès que tu en as l'occasion, pille, vole, garde, agrippe, bois, mange, enfuis-toi ; voilà tout ce qu'ils savent faire. On aimerait mieux laisser des loups dans une bergerie que de pareils gardiens chez soi. Pourtant, à regarder leur mine, ils n'ont pas l'air de méchants garçons : c'est à l'œuvre qu'ils vous trompent. Or ça, si vous n'écoutez tous l'ordre que je vous signifie, si vous ne chassez de votre cœur et de vos yeux le sommeil et la paresse, je vous fouetterai les reins d'importance, et vous les bigarrerai de si belle façon, que même les tentures de Campanie ne seront pas mieux brodées, ni les tapis ras d'Alexandrie avec tous leurs animaux[9]. Pourtant hier, je vous avais bien donné mes ordres à tous, et distribué vos emplois ; mais vous êtes si méchamment doués, et d'un si mauvais esprit qu'on est obligé de vous rappeler au devoir à coups de fouet. C'est ainsi que vous êtes faits : par la dureté de votre cuir, vous triomphez de ceci *(il montre son fouet)* et de moi.

9. Alexandrie a inventé l'art de tisser à plusieurs lices les étoffes qu'on appelle brocarts. Les motifs tissés étaient souvent des animaux.

Hoc sis uide ut alias res aguntl Hoc agite, hoc animum
                                          aduortite,
Huc adhibete auris quae ego loquar, plagigera genera |
                                          hominum.
Numquam edepol uostrum durius tergum erit quam
                                 terginum hoc meum.

Quid nunc? Doletne? Em sic datur, si quis erum seruus
                                          spernit. 155

Adsistite omnes contra me, et quae loquar aduortite animum.
Tu qui urnam habes, aquam ingere, face plenum
                                 ahenum sit coquo.
Te cum securi, caudicali praeficio prouinciae.
[⟨LO.⟩ At haec retunsa est.
BA.   Sine siet; itidem uos quoque estis plagis omnes :
Numqui minus ea gratia tamen omnium opera utor?] 160
Tibi hoc praecipio ut niteant aedes. Habes quod facias;
                                 propera, abi intro.
Tu esto lectisterniator. Tu argentum eluito, idem exstruito.
Haec, quom ego a foro reuortar, facite ut offendam parata,
Vorsa sparsa, tersa strata, lautaque unctaque omnia uti sint.
Nam mi hodie natalis dies est; decet eum omnis uos
                                 concelebrare. 165
Pernam, callum, glandium, sumen facito in aqua
                                 iaceant. Satin audis?
Magnifice uolo me uiros summos accipere, ut mihi rem
                                 esse reantur.
Intro abite atque haec cito celerate, ne mora quae sit,
                                 cocus cum ueniat [mihi].

Regardez-les un peu, comme ils sont à ce que je dis. Mais écoutez-moi, mais faites attention ; mais prêtez l'oreille à ce que je dis, engeance faite pour les coups. Non jamais, par Pollux ! votre cuir ne sera plus dur que le cuir de mon fouet. Hé bien ? cela fait-il mal ? Tenez ! Voilà comme on en donne aux esclaves qui se moquent de leur maître. Rangez-vous tous en face de moi, et faites attention à ce que je vais dire. Toi qui as la cruche, apporte de l'eau, remplis le chaudron pour le cuisinier. Toi, avec ta hache, je te prépose au département du bois[10].

L'ESCLAVE. – Mais elle est émoussée.

BALLION. – Laisse-la comme elle est. Vous l'êtes bien, vous autres, émoussés, par les coups. Est-ce j'en utilise moins vos services ? Toi, je te recommande de faire briller la maison : tu as de quoi faire, dépêche-toi de rentrer. Toi, tu auras la charge de dresser les lits. Toi, tu nettoieras l'argenterie, et tu la rangeras sur le dressoir. Ayez soin qu'à mon retour du forum je trouve tout apprêté, balayé, arrosé, essuyé, dressé, lavé, parfumé. C'est aujourd'hui mon anniversaire ; il convient que tous vous célébriez ma fête. Toi, tu auras soin de mettre dans l'eau un jambon, une couenne, des ris de porc, une tétine. Tu m'entends ? Je veux traiter magnifiquement de très hauts personnages, pour qu'ils me croient à mon aise. Allons, rentrez, et dépêchez-vous de faire ce que j'ai dit ; qu'il n'y ait point de retard pour l'arrivée du cuisinier[11]. Moi je vais au marché rafler à tout prix tout

---

10. L'expression parodie le style officiel qui convient par exemple aux attributions de provinces. De même, cinq vers plus bas, Ballion parle de la charge de dresser les lits et emploie le mot *lectisterniator*, créé pour la circonstance d'après *lectisternium*, cérémonie pour laquelle on allongeait les statues des dieux sur des lits de table.

11. Ballion va aller louer les services d'un cuisinier ; celui-ci apparaît dans la pièce, pp. 100-101.

Ego eo in macellum, ut piscium quidquid ⟨ibi⟩st pretio
praestinem.
I, puere, prae; ne quisquam pertundat cruminam
cautiost. 170
Vel opperire; est quod domi dicere paene oblitus fui.
Auditin? Vobis, mulieres, hanc habeo edictionem :
Vos quae in munditiis, mollitiis.deliciisque aetatulam agitis,
Viris cum summis, inclutae amicae, nunc ego scibo
atque hodie experiar
Quae capiti, quae uentri operam det, quae[que] suae
rei, quae somno studeat; 175
Quam libertam fore mihi credam et quam uenalem
hodie experiar.
Facite hodie ut mihi munera multa huc ab amatoribus
conueniant;
Nam nisi mihi penus annuus hodie conuenit, cras
poplo prostituam uos.
Natalem scitis mihi esse diem hunc : ubi isti sunt qui-
bus uos oculi estis,
Quibus uitae, quibus deliciae estis, quibus sauia, mam-
mia, mellillae? 180
Maniplatim mihi munerigeruli facite ante aedis iam
hic adsint.
Qur ego uestem, aurum atque ea quibus est uobis usus
praehibeo? [Aut] quid mi
Domi nisi malum uestra opera est hodie, inprobae? Vini
modo cupidae estis;
Eo uos ʻuestrosʼ panticesque adeo madefactatis, quom
ego sim hic siccus.
Nunc adeo hoc factust optumum, ut nomine quemque
appellem suo, 185
Ne dictum esse actutum sibi quaepiam uostrarum mihi
neget.
Aduortite animum cunctae.

ce qu'il y a de poissons. *(À un esclave qui porte la bourse sur son épaule.)* Marche devant, petit ; qu'on n'aille pas faire un trou à ta bourse[12] : il faut y veiller. Ou plutôt attends-moi : j'ai quelque chose à dire à la maison ; j'allais oublier. Hé là ! Vous m'entendez ? Pour vous, femmes, voici les ordres que j'ai à vous donner. Vous qui passez votre petite vie, toujours attifées, choyées, dorlotées, dans la compagnie des plus hauts personnages, vous, les belles en renom, je vais savoir aujourd'hui par expérience quelle est celle de vous qui s'inquiète de sa liberté, et celle qui ne s'inquiète que de son ventre, celle qui songe à ses intérêts, et celle qui ne songe qu'à dormir. Qui doit devenir mon affranchie, et qui je dois vendre, c'est ce que l'expérience me montrera aujourd'hui. Tâchez aujourd'hui que les cadeaux m'arrivent ici en foule de la part de vos amants ; car si je ne vois pas affluer aujourd'hui les provisions de toute une année, demain je ferai de vous des filles publiques. C'est mon anniversaire, vous le savez : où sont donc ceux qui vous aiment comme leurs propres yeux, ceux pour qui vous êtes « ma vie, mes délices, mon doux baiser, mon téton, mon bonbon » ? Tâchez qu'un bataillon de porteurs de cadeaux se trouve bientôt rangé devant ma porte. À quoi me sert de vous fournir vêtements, bijoux, et tout ce dont vous avez besoin ? Quel profit me revient-il aujourd'hui chez moi de votre métier sinon des ennuis, coquines ? Vous n'avez qu'une envie en tête, le vin ; aussi vous vous en humectez la panse, tandis que moi je suis ici à sec. Et maintenant, le mieux est que j'appelle chacune par son nom, de façon qu'aucune de vous ne puisse me dire qu'elle n'a pas été prévenue. Faites attention, toutes tant que vous êtes.

12. La bourse de cuir, suspendue au cou par une courroie, pendait sur la poitrine ou sur le dos de celui qui la portait. Dans ce dernier cas, elle était une proie facile pour les voleurs à la tire, ou les coupeurs de bourses qui pouvaient y faire un trou par lequel tombait l'argent. Aussi Ballion fait-il marcher l'esclave devant lui, pour surveiller la bourse.

Principio, Hedylium, tecum ago, quae amica es fru-
                                                    mentariis,
Quibus cunctis montes maxumi frumenti ⁺acerui⁺ sunt domi:
Fac sis sit delatum huc mihi frumentum, hunc annum
                                      quod satis 190
Mihi et familiae omni sit meae, atque adeo ut frumento
                                                    afluam,
Vt ciuitas nomen mihi commutet, meque ut praedicet
                Lenone ex Ballione regem Iasonem.

PS. Audin furcifer quae loquitur? Satin magnificus tibi uidetur?

CA.   Pol iste, atque etiam malificus.   195ᵃ
           Sed tace atque hanc rem gere.   195ᵇ

BA. Aeschrodora, tu quae amicos tibi habes lenonum aemulos
Lanios, qui item ut nos iurando iure malo male quae-
                                      runt rem, audi :
Nisi carnaria tria grauida tegoribus oneri uberi hodie
Mihi erunt, cras te, quasi Dircam olim ut memorant
                                      duo gnati Iouis
Deuinxere ad taurum, item ego te distringam ad car-
                                      narium;   200
Id tibi profecto taurus fiet.

PS.   Nimis sermone huius ira incendor.
           Huncine hic hominem pati   202ᵃ
           Colere iuuentutem Atticam?   202ᵇ
Vbi sunt, ubi latent quibus aetas integra est, qui amant
                                      a lenone?
Quin conueniunt, quin una omnes peste hac populum
                                      hunc liberant?

---

13. Il s'agit vraisemblablement de Jason, tyran de Phères (dans les
années 385-370), en Thessalie, la terre la plus riche en blé de la Grèce.
Mais on pense aussi au héros Jason, qui dut au moment de conquérir
la Toison d'or semer les dents du dragon d'où jaillirent des guerriers.
Il les combattit, faisant ainsi une moisson métaphorique, qui pourrait
nourrir l'imagination mégalomane de Ballion. Il connaît la mythologie, comme on le voit par la référence qu'il fait à Dircé.

C'est par toi, Hédylie, que je commence, toi qui es la bonne amie des marchands de grains, de ces gens qui ont tous chez eux des tas de blé gros comme des montagnes. Tâche, s'il te plaît, qu'on m'apporte ici assez de blé pour me nourrir, moi et tous mes gens, toute cette année, que j'en regorge au point que mes concitoyens changent mon nom, et qu'au lieu de Ballion le léno, ils m'appellent désormais le roi Jason[13].

PSEUDOLUS *(bas à Calidore)*. – Tu entends ce qu'il dit, le pendard ? Est-il assez fier ? Que t'en semble ?

CALIDORE. – Ma foi oui, et c'est un fier coquin. Mais silence, et fais attention.

BALLION. – Toi, Aeschrodore, qui as pour amants les dignes émules des lénos, les bouchers, qui s'enrichissent comme nous par le mensonge et les faux serments, écoute : si je n'ai aujourd'hui trois crocs chargés d'échines de porcs à rompre sous la charge, tu sais ce qu'on raconte de Dircé que les deux fils de Jupiter attachèrent jadis à un taureau[14] : eh bien, toi, dès demain, tout de même je t'écartèlerai en te pendant au croc. Il te servira de taureau, sois en sûre.

PSEUDOLUS. – Je me sens bouillir de colère à l'entendre parler. Comment la jeunesse athénienne peut-elle tolérer qu'un être pareil habite ici ? Où sont donc, où se cachent les gars dans la force de l'âge, qui vont chercher leurs amours chez le léno ? Que ne s'assemblent-ils, que ne s'unissent-ils tous pour délivrer ce peuple d'un pareil

14. Antiope fut aimée de Jupiter dont elle eut deux fils, Zethus et Amphion. Pour la châtier, son oncle Lycus la fit prisonnière, et sa femme Dircé la tourmenta cruellement. Antiope réussit à s'enfuir et retrouva ses fils. Pour la venger, ils s'emparèrent de Dircé et l'attachèrent aux cornes d'un taureau.

Sed nimis sum stultus, nimis fui.   205ᵃ

Indoctus, illine audeant   205ᵇ

Id facere, quibus ut seruiant

Suus amor cogit, simul prohibet faciant aduersum eos
                                              quod nolint?

CA. Vah! tace.

PS.   Quid est?

CA. Male morigeru's, male facis mihi, quom sermoni huius
                                            obsonas. 208ᵇ

PS. Taceo.

CA.   At taceas malo multo quam tacere dicas.

BA.   Tu autem,
ʼXylilisʼ, face ut animum aduortas, quoius amatores oliui 210
          Δύναμιν domi habent maxumam.

          Si mihi nòn iam huc culleis
          Oleum deportatum erit,

Te ipsam culleo ego cras faciam ut deportere in pergulam.

Ibi tibi adeo lectus dabitur, ubi tu hau somnum capias,
                                            sed ubi 215

          Vsque ad languorem ... tenes
          Quo se haec tendant quae loquor.

Ain, excetra tu, quae tibi amicos tot habes, tam probe
                                          oleo onustos,

Num quoipiam est hodie tua tuorum opera conseruorum

Nitidiusculum caput? Aut num ipse ego pulmento utor
                                            magis 220

Vnctiusculo? Sed scio, tu | oleum hau magni pendis : uino
          Te deungis. Sine modo!

Reprehendam hercle ego cuncta una opera, nisi quidem
                                        hodie tu omnia

          Facis effecta quae loquor

Tu autem, quae pro capite argentum mihi iam iamque
                                        semper numeras, 225

Ea pacisci modo scis, sed quod pacta es non scis soluere,

fléau ? Mais que je suis bête, que je suis mal instruit !
Comment en auraient-ils le courage, quand leur amour
les asservit à ces coquins, et les empêche de leur faire ce
que ceux-ci ne voudraient pas ?

CALIDORE. – Ah ! tais-toi.

PSEUDOLUS. – Qu'y a-t-il ?

CALIDORE. – Tu m'es désagréable, et tu m'ennuies en
couvrant sa voix.

PSEUDOLUS. – Je me tais.

CALIDORE. – Il vaudrait bien mieux le faire que de le
dire.

BALLION. – Xytilis, à ton tour de faire attention, toi
dont les amants ont chez eux d'énormes stocks d'huile.
Si dès aujourd'hui on ne m'apporte ici de l'huile à
pleines outres, je te ferai toi-même fourrer dans une
outre et porter de la sorte dans l'appentis, et là on te donnera un lit, non pas précisément pour t'y endormir, mais
où jusqu'à l'éreintement.. Tu sais ce que je veux dire.
Comment, vipère, lorsque tu as tant d'amants si bien
fournis d'huile, il n'y a pas un seul de tes camarades qui
puisse, grâce à toi, se lustrer les cheveux tant soit peu
davantage ? Est-ce que moi-même, je mange un fricot
tant soit peu plus gras ? Mais je sais bien, tu fais fi de
l'huile, c'est au vin que tu te parfumes. Laisse faire : je
réglerai tous nos comptes d'un seul coup, morbleu ! à
moins toutefois que tu ne me donnes pleine satisfaction
aujourd'hui. Et toi, qui es toujours au moment de me
verser l'argent de ta liberté, mais qui ne sais que promettre, sans jamais savoir tenir ta promesse, Phénicie,

Phoenicium, tibi ego haec loquor, deliciae summatum
                                          uirum :
Nisi hodie mihi ex fundis tuorum amicorum omne huc
                                    penus adfertur,
Cras, Phoenicium, poeniceo corio inuises pergulam.

———

c'est à toi que je parle en ce moment, toi, la coqueluche des plus gros bonnets : si aujourd'hui même, des domaines de tes amants on ne m'apporte ici des provisions de toute espèce, demain, ma petite Phénicie, tu iras voir l'appentis avec une peau à la phénicienne[15].

15. Jeu de mots sur *Phoenicium*, le nom de la jeune femme, et *poeniceum*, adjectif signifiant « de pourpre ». La jeune femme est menacée d'être frappée au point d'en avoir la peau rougie et exposée à la prostitution.

CALIDORVS   PSEVDOLVS   BALLIO
ADVLESCENS   SERVVS   LENO

CA. Pseudole, non audis quae hic loquitur?
PS.   Audio, ere, equidem atque animum aduorto.   230
CA. Quid mihi es auctor huic ut mittam, ne amicam hic
                          meam prostituat?
PS. Nihil curassis, liquido es animo; ego pro me et pro te curabo.
    Iam diu ego huic bene et hic mihi uolumus, et amicitia
                          est antiqua;
    Mittam hodie huic suo die natali malam rem magnam
                          et maturam.
CA. Quid opust?
PS.   Potin aliam rem ut cures?
CA.   At ...
PS.   Bat!
CA.   Crucior.
PS.   Cor dura.   235
CA. Non possum.
PS.   Fac possis.
CA.   Quonam pacto possim?
⟨PS.⟩   Vince animum.
    In rem quod sit praeuortaris quam in re aduorsa animo
                          auscultes.
CA. Nugae istaec sunt; non iucundum est, nisi amans facit stulte.
PS.   Pergin?

(SCÈNE III)
CALIDORE PSEUDOLUS BALLION

(Les deux premiers s'entretiennent à part d'abord, sans être aperçus par Ballion.)

CALIDORE. – Tu n'entends pas ce qu'il dit, Pseudolus ?

PSEUDOLUS. – Si fait, mon maître, j'entends, et je n'en perds pas un mot.

CALIDORE. – Que me conseilles-tu de lui envoyer, pour qu'il ne fasse pas de ma maîtresse une prostituée ?

PSEUDOLUS. – Ne t'en inquiète pas ; que cela ne te trouble pas ; je m'en inquiéterai et pour toi et pour moi. Il y a longtemps que lui et moi nous nous voulons du bien réciproquement ; il y a une ancienne amitié entre nous. Je lui enverrai aujourd'hui pour son anniversaire un fort méchant cadeau, et qui ne se fera pas attendre.

CALIDORE. – Que faut-il faire ?

PSEUDOLUS. – Si tu pouvais t'occuper d'autre chose.

CALIDORE. – Mais...

PSEUDOLUS. – Ouais !

CALIDORE. – Je suis au supplice.

PSEUDOLUS. – Endurcis ton cœur.

CALIDORE. – Je ne puis.

PSEUDOLUS. – Tâche de pouvoir.

CALIDORE. – Comment pourrais-je ?

PSEUDOLUS. – Domine ta passion. Songe à ton intérêt plutôt que d'écouter ta passion, quand les circonstances sont contre toi.

CALIDORE. – Chansons que tout cela ! Un amant n'a de plaisir qu'à faire des folies.

PSEUDOLUS. – Tu continues ?

CA. O Pseudole mi, sine sim nili.   239ᵃ

⟨PS.⟩ Mitte me sis.

CA.   Sine ...

PS.   ⟨Sino⟩, modo ego abeam   239ᵇ

CA. Mane, mane! Iam ut uoles med esse ita ero.   240ᵃ

PS. Nunc tu sapis.

BA.   It dies, ego mihi ces-   240ᵇ
     so. I prae, puere.

CA.   Heus, abit. Quin reuocas?

PS. Quid properas? Placide.

CA.   At prius quam abeat.

BA. Quid [hoc], malum, tam placide is, puere?   242ᵇ

PS. Hodie nate, heus, hodie nate, tibi ego dico, heus, hodie nate,
     Redi et respice ad nos. Tametsi occupatu's,
     Moramur. Mane; em conloqui qui uolunt te.   245

BA. Quid hoc est? Quis est qui moram mi occupato
     Molestam optulit?

PS.   Qui tibi sospitalis
     Fuit.

BA.   Mortuust qui fuit; qui sit ussust.

PS. Nimis superbe.

BA.   Nimis molestu's.

CA.   Reprehende hominem, adsequere.

BA.   I, puere.

PS. Occedamus hac obuiam.

BA.   Iuppiter te   250
     Perdat, quisquis es.

PS.   Te uolo.

CALIDORE. – Ô mon cher Pseudolus, laisse-moi déraisonner.

PSEUDOLUS. – Lâche-moi, s'il te plaît.

CALIDORE. – Permets-moi...

PSEUDOLUS. – Je te permets tout, pourvu que je m'en aille.

CALIDORE. – Reste, reste ! Je serai tout ce que tu voudras que je sois.

PSEUDOLUS. – Te voilà plus raisonnable.

BALLION. – La journée s'avance. Je perds mon temps. *(À son jeune esclave.)* Marche devant, petit.

CALIDORE *(à Pseudolus)*. – Hé là ! il s'en va. Tu ne le rappelles pas ?

PSEUDOLUS. – Tu es bien pressé ! Doucement.

CALIDORE. – Il ne faut pas attendre qu'il soit parti.

BALLION. – Eh peste ! pourquoi marches-tu si doucement, petit ?

PSEUDOLUS *(courant après Ballion, qui s'éloigne toujours sans regarder)*. – Toi qui es né aujourd'hui, hé ! toi qui es né aujourd'hui, c'est à toi que j'en ai ! Hé, toi qui es né aujourd'hui, reviens sur tes pas, regarde nous. Malgré tes occupations, nous voulons t'arrêter. Demeure ; tiens, voilà des gens qui veulent te parler.

BALLION. – Qu'y a-t-il ? Quel est l'importun qui m'arrête quand je suis occupé ?

PSEUDOLUS. – Quelqu'un qui fut ton sauveur.

BALLION. – Mort est celui qui fut ; c'est quelqu'un qui soit qu'il me faut.

PSEUDOLUS. – Tu es bien fier.

BALLION. – Et toi, bien assommant.

CALIDORE *(à Pseudolus)*. – Retiens-le ; cours après lui.

BALLION *(à son esclave)*. – Marche, petit.

PSEUDOLUS. – Barrons-lui le chemin de ce côté.

BALLION. – Que Jupiter t'anéantisse, qui que tu sois.

PSEUDOLUS. – C'est toi que je veux.

BA.   At uos ego ambos.
    Vorte hac, puere, *te.*
PS.   Non licet conloqui te?
BA. At mihi non lubet.
PS.   Sin tuam est quippiam in rem?
BA. Licetne, opsecro, *bitere* an non licet?
⟨PS.⟩   Vah,
    Manta.
BA.   Omitte.
CA.   Ballio, audi.
BA.   Surdus sum ⁺profecto inanilogistae. ²⁵⁵· ²⁵⁶
CA. Dedi, dum fuit.
BA.   Non peto quod dedisti.
CA. Dabo, quando erit.
BA.   Ducito, quando habebis.
CA. *Eheu,* quam ego malis perdidi modis
    Quod tibi detuli et quod dedi!
BA.   Mortua   260
    Verba re nunc facis; stultus es, rem actam *agis.*
PS.. Nosce saltem hunc quis est.
BA.   Iam diu scio
    Qui fuit; nunc qui sit ipsus sciat.
    Ambula tu.
PS.   Potin ut semel modo,   264ᵃ
    Ballio, huc cum lucro respicias?   264ᵇ
BA. Respiciam istoc pretio; nam si sacruficem summo Ioui   265
    Atque in manibus exta teneam ut poriciam, interea loci
    Si lucri quid detur, potius rem diuinam deseram.

BALLION. – Et moi, c'est vous deux. *(À son esclave, en prenant une autre direction.)* Tourne-toi par ici, petit.

PSEUDOLUS. – Ne peut-on avoir un moment d'entretien avec toi ?

BALLION. – Non, je ne veux pas.

PSEUDOLUS. – Mais si c'est une chose qui t'intéresse ?

BALLION. – Puis-je m'en aller, je vous prie, oui ou non ?

PSEUDOLUS. – Ah ! demeure un peu.

BALLION. – Lâche-moi.

CALIDORE. – Ballion, écoute.

BALLION. – Je suis sourd, à coup sûr, pour qui parle les mains vides.

CALIDORE. – Je t'ai donné, tant que j'en ai eu.

BALLION. – Je ne réclame pas ce que tu m'as donné.

CALIDORE. – Je te donnerai quand j'en aurai.

BALLION. – Tu n'as qu'à la prendre, quand tu en auras.

CALIDORE. – Hélas ! de quelle façon stupide j'ai perdu tout ce que je t'ai apporté, tout ce que je t'ai donné !

BALLION. – Maintenant que ton argent est mort, tu veux me payer de mots. Sottise que de revenir sur le passé.

PSEUDOLUS. – Reconnais au moins l'homme qui te parle.

BALLION. – Il y a longtemps que je sais ce qu'il a été ; à lui de savoir ce qu'il est maintenant. *(À son esclave.)* Marche, toi.

PSEUDOLUS. – Pourrais-tu jeter seulement un regard de notre côté, Ballion ? Il y aura profit pour toi.

BALLION. – À ce prix-là, je regarde. Car même si j'étais en train de sacrifier au très grand Jupiter, dans le moment même où j'aurais en mains les entrailles de la victime pour les poser sur l'autel, et que, sur ces entrefaites, on vînt m'offrir quelque chose à gagner, je déser-

Non potest pietati opsisti huic, utut res sunt ceterae.

(PS.) Deos quidem, quos maxume aequom est metuere, eos
minimi facit.

BA. Compellabo. Salue multum, serue Athenis pessume. 270

PS. Di te deaeque ament uel huius arbitratu uel meo;
Vel, si dignu's alio pacto, neque ament nec faciant bene.

BA. Quid agitur, Calidore?

CA. Amatur atque egetur acriter.

BA. Misereat, si familiam alere possim misericordia.

PS. Heia, scimus nos quidem te qualis sis; ne praedices. 275
Sed scin quid nos uolumus?

BA. Pol ego prope modum : ut male sit mihi.

PS. Et id et hoc quod te reuocamus. Quaeso, animum aduorte.

BA. Audio.
Atque in pauca, ut occupatus nunc sum, confer quid uelis.

PS. Hunc pudet, quod tibi promisit quaque id promisit die,
Quia tibi minas uiginti pro amica etiam non dedit. 280

BA. Nimio id quod pudet facilius fertur quam illud quod piget.
Non dedisse istunc pudet; me quia non accepi piget.

PS. At dabit, parabit; aliquot hos dies manta modo;
Nam id hic metuit ne illam uendas ob simultatem suam.

BA. Fuit occasio, si uellet, iam pridem argentum ut daret. 285

CA. Quid si non habui?

terais plutôt la cérémonie. Il n'y a pas de religion qui
tienne devant celle-là, quoi qu'il en soit du reste.

PSEUDOLUS. – Même les dieux, que nous devons
craindre par dessus tout, il s'en moque.

BALLION *(à part)*. – Abordons-les. *(À Pseudolus.)*
Bien le bonjour, le plus méchant esclave qui soit dans
Athènes !

PSEUDOLUS. – Que les dieux et les déesses te protègent, comme nous le désirons, lui et moi ; ou, si tu le
mérites autrement, qu'ils ne t'accordent ni protection ni
bienveillance !

BALLION. – Comment vas-tu, Calidore ?

CALIDORE. – Comme un homme terriblement amoureux et terriblement à sec.

BALLION. – Je compatirais, si je pouvais nourrir mes
gens avec de la compassion.

PSEUDOLUS. – Là là ! Nous savons quel homme tu
es ; inutile de le dire. Mais sais-tu ce que nous te voulons ?

BALLION. – À peu près, par Pollux : du mal.

PSEUDOLUS. – Oui sans doute, mais il y a autre chose
pour quoi nous t'avons rappelé. Veux-tu bien faire attention ?

BALLION. – J'écoute. Mais abrège ta requête, car je
suis occupé.

PSEUDOLUS. – Il a honte, après te l'avoir promis, et
pris terme pour le paiement, de ne pas t'avoir encore
donné les vingt mines qu'il doit pour sa maîtresse.

BALLION. – La honte se supporte plus aisément que
le regret. Il a honte de ne pas avoir payé ; moi, j'ai regret
de ne pas avoir reçu.

PSEUDOLUS. – Mais il paiera, il se procurera de quoi.
Attends seulement ces quelques jours-ci, car il a peur
que tu ne la vendes à cause de son différend avec toi.

BALLION. – Il a eu moyen, s'il avait voulu, de me
payer depuis longtemps.

CALIDORE. – Et si je n'avais rien ?

BA.   Si amabas, inuenires mutuum;
    Ad danistam deuenires, adderes fenusculum,
    Surruperes patri.
PS.   Surruperet hic patri, audacissume?
    Non periclumst ne quid recte monstres.
BA.   Non lenoniumst.
CA. Egon patri subrupere possim quicquam, tam cauto seni? 290
    Atque adeo, si facere possim, pietas prohibet.
BA.   Audio.
    Pietatem ergo istam amplexator noctu pro Phoenicio.
    Sed cum pieta⟨tem⟩ te amori uideo tuo praeuorterĕ,
    Omnes ⟨homines⟩ tibi patres sunt? Nullus est tibi quem roges
    Mutuum argentum?
CA.   Quin nomen quoque iam interiit 'mutuum'. 295
PS. Heus tu, postquam hercle isti a mensa surgunt satis poti uiri,
    Qui suum repetunt, alienum reddunt nato nemini,
    Postilla omnes cautiores sunt ne credant alteri.
CA. Nimis miser sum, nummum nusquam reperire argenti
                         queo;
    Ita miser et amore pereo et inopia argentaria. 300
BA. Eme die caeca hercle oliuom, id uendito oculata die :
    Iam hercle uel ducentae fieri possunt praesentes minae.
CA. Perii! Annorum lex me perdit quinauicenaria;
    Metuunt credere omnes.
BA.   Eadem est mihi lex; metuo credere.
PS. Credere autem? Eho, an paenitet te quanto hic fuerit usui? 305
BA. Non est iustus quisquam amator nisi qui perpetuat data.
    Det, det usque; quando nil sit, simul amare desinat.

BALLION. – Si tu étais amoureux, tu devais trouver à emprunter, aller chez l'usurier, proposer un petit surcroît d'intérêt, voler ton père.

PSEUDOLUS. – Voler son père, effronté ! Il n'y a pas de danger que tu donnes un bon conseil.

BALLION. – Ce n'est pas d'un léno.

CALIDORE. – Pourrais-je voler quoi que ce soit à mon père, un vieillard si méfiant ? Et quand je le pourrais, la piété filiale me l'interdit.

BALLION. – J'entends. Eh bien ! couche avec ta piété filiale au lieu de Phénicie. Mais puisque la piété filiale, à ce que je vois, passe chez toi avant l'amour, est-ce que tous les gens sont des pères pour toi ? Tu n'as personne à qui demander un prêt ?

CALIDORE. – Un prêt le mot même n'existe plus.

PSEUDOLUS *(à Ballion)*. – Tu le sais bien, parbleu ! Depuis qu'on voit se lever de table, après avoir bien bu, de ces gens qui sont toujours à réclamer leur dû, sans jamais payer leurs dettes à personne, depuis ce temps-là tout le monde est devenu méfiant, et on ne veut plus prêter à personne.

CALIDORE. – Je suis bien malheureux ! Je ne puis trouver nulle part un denier vaillant. Ainsi je meurs, ô misère ! et d'amour et de manque d'argent.

BALLION. – Achète à crédit de l'huile, par Hercule ! et revends-la au comptant. Il y a moyen de faire tout de suite au moins deux cents mines de bon argent.

CALIDORE. – Je suis dans le lac ! La loi des vingt-cinq ans est ma mort ; tout le monde a peur de faire crédit[16].

BALLION. – La même loi vaut pour moi ; j'ai peur de faire crédit.

PSEUDOLUS. – Faire crédit ? Dis donc, est-ce que tu n'as pas assez gagné avec lui ?

BALLION. – Il n'y a d'amoureux digne de ce nom que celui qui donne continuellement ; il faut qu'il donne,

---

16. Sur la *Lex Laetoria* (ou *Plaetoria*), cf. l'Introd., p. XXVIII.

CA. Nilne te miseret?

BA.   Inanis cedis; dicta non sonant.
Atque ego te uiuom saluomque uellem.

PS.   Eho, an iam mortuust?

BA. Vtut est, mihi quidem profecto cum istis dictis mortuust. 310
Ilico uixit amator, ubi lenoni supplicat.
Semper tu ad me cum argentata accedito querimonia.
Nam istuc quod nunc lamentare, non esse argentum tibi,
Apud nouercam querere.

PS.   Eho, an umquam tu huius nupsisti patri?

BA. Di meliora faxint!

PS.   Face quod te rogamus, Ballio,   315
Mea fide, si isti formidas credere. Ego in hoc triduo
Aut terra aut mari | aliquonde euoluam id argentum tibi.

BA. Tibi ego credam?

PS.   Quor non?

BA.   Quia pol qua opera credam tibi,
Vna opera alligem fugitiuam canem | agninis lactibus.

CA. Sicine mihi abs te bene merenti male refertur gratia? 320

BA. Quid nunc uis?

CA.   Vt opperiare hos sex dies aliquos modo,
Ne illam uendas neu me perdas hominem amantem.

BA.   Animo bono es;
Vel sex menses opperibor.

CA.   Euge, homo lepidissume!

qu'il donne sans arrêt : dès qu'il n'a plus rien, qu'il cesse d'aimer.

CALIDORE. – Tu n'as donc aucune pitié ?

BALLION. – Tu viens les mains vides : tes paroles ne résonnent pas. Quant à moi, je voudrais te voir vivant et content.

PSEUDOLUS. – Oh ! oh ! est-ce qu'il est déjà mort ?

BALLION. – Quel qu'il soit, pour moi du moins avec les discours que vous me tenez, il est sûrement mort. L'amoureux a cessé de vivre, dès qu'il se met à s'agenouiller devant le léno. Il faut toujours venir chez moi avec des larmes d'argent ; car en ce moment, pour ce qui est de tes lamentations sur ta détresse, c'est comme si tu voulais attendrir une marâtre.

PSEUDOLUS. – Oh ! oh ! serais-tu marié à son père, par hasard ?

BALLION. – Les dieux m'en préservent !

PSEUDOLUS. – Rends-toi à nos demandes, Ballion ; accepte ma garantie, si tu as peur de lui faire crédit. Dans ces trois jours, je tirerai, n'importe d'où, de la terre ou de la mer, l'argent qu'il te faut.

BALLION. – Que j'accepte ta garantie ?

PSEUDOLUS. – Pourquoi pas ?

BALLION. – Accepter ta garantie, par Pollux ! Autant vaudrait attacher avec des tripes d'agneau une chienne qui a l'habitude de s'échapper.

CALIDORE. – Peux-tu récompenser aussi mal tous les bienfaits que tu me dois ?

BALLION (s'apprêtant à sortir). – Que veux-tu encore ?

CALIDORE. – Que tu attendes seulement quelque six jours, que tu ne la vendes pas, que tu ne réduises pas un amant au désespoir.

BALLION. – Sois tranquille ; si tu veux, j'attendrai six mois.

CALIDORE. – Bravo ! comme tu es gentil !

BA. Immo uin etiam te faciam ex laeto laetantem magis?

CA. Quid ais?

BA.   Quia enim non uenalem iam habeo Phoenicium.   325

CA. Non habes?

BA.   Non hercle uero.

CA.   Pseudole, *i*, accerse hostias,
Victumas, lanios, ut ego huic sacruficem summo Ioui;
Nam hic mihi nunc est multo potior Iuppiter quam Iuppiter.

BA.) Nolo uictumas; agninis me extis placari uolo.

CA.) Propera; quid stas? *i*, accerse agnos. Audin quid ait
                         Iuppiter?   330

PS.) Iam hic ero; uerum extra portam mi etiam currendumst
                         prius.

CA. Quid eo?

PS.   Lanios inde accersam duo cum tintinnabulis;
Eadem duo greges uirgarum inde ulmearum adegero,
Vt hodie ad litationem huic suppetat satias Ioui.

⟨BA.⟩ I in malam crucem!

PS.   Istuc ibit Iuppiter lenonius.   335

⟨BA.⟩ Ex tua re est ut ego emoriar.

CA.   Quidum?

BALLION. – Ce n'est rien encore. Veux-tu que je transforme ta joie en enthousiasme ?

CALIDORE. – Comment cela ?

BALLION. – Je ne veux plus vendre Phénicie.

CALIDORE. – Tu ne veux plus ?

BALLION. – Non, vraiment, par Hercule.

CALIDORE. – Pseudolus, va chercher les petites victimes, les grandes victimes, les victimaires, que je sacrifie à ce Jupiter, à mon dieu suprême. Car c'est lui maintenant mon Jupiter, et cent fois préférable à Jupiter même.

BALLION. – Non, point de grandes victimes, je n'en veux pas. Je ne veux, pour me rendre propice, que des entrailles d'agneaux.

CALIDORE.— Pseudolus ! Dépêche-toi ; qu'est-ce que tu attends ? Va chercher des agneaux : tu entends ce que dit Jupiter ?

PSEUDOLUS. – Je serai ici dans un instant ; mais il faut d'abord que je coure aussi à la porte de la ville.

CALIDORE. – Pourquoi là ?

PSEUDOLUS. – J'irai y chercher deux victimaires avec des clochettes ; en même temps j'en ramènerai deux troupeaux de verges d'orme, pour que ton Jupiter en ait tout son saoul, et consente à nous exaucer[17].

BALLION. – Va te faire pendre au diable.

PSEUDOLUS. – C'est là qu'ira le Jupiter lénonien.

BALLION *(à Calidore)*. – Il est de ton intérêt que je meure.

CALIDORE. – Pourquoi donc ?

---

17. Par plaisanterie, Pseudolus confond les victimaires, chargés dans les sacrifices de tuer les animaux, avec les bourreaux qui demeuraient en dehors de Rome, au-delà de la Porte Esquiline. Ils se déplaçaient en agitant une clochette pour prévenir de leur approche et éviter d'être rencontrés par des personnages qui ne devaient rien voir de ce qui concerne la mort, les Vestales par exemple.

BA.   Ego dicam tibi:
    Quia edepol, dum ego uiuus uiuam, numquam eris
                            frugi bonae.
    Ex tua re non est, ut ego emoriar.

PS.   Quidum?

BA.   Sic : quia,
    Si ego emortuus sim, Athenis te sit nemo nequior.

CA. Dic mihi, obsecro hercle, uerum serio, hoc quod te rogo : 340
    Non habes uenalem amicam tu meam Phoenicium?

BA. Non edepol habeo profecto; nam iam pridem uendidi.

CA. Quo modo?

BA.   Sine ornamentis, cum intestinis omnibus.

CA. Meam tu amicam uendidisti?

BA.   Valde; uiginti minis.

CA. Viginti minis?

BA.   Vtrum uis, uel quater quinis minis,   345
    Militi Macedonio. Et iam quindecim | habeo minas.

CA. Quid ego ex te audio?

BA.   Amicam tuam esse factam argenteam.

CA. Qur id ausu's facere?

BA.   Libuit; mea fuit.

CA.   Eho, Pseudole,
    I, gladium adfer.

PS.   Quid opus(t) gladio?

CA.   Qui hunc occidam | atque me.

PS. Quin tu te(d) occidis potius? Nam hunc fames iam
                           occiderit.   350

CA. Quid ais, quantum terra(m) tetigit hominum periurissime?
    Iurauistin te illam nulli uenditurum nisi mihi?

BA. Fateor.

CA.   Nempe conceptis uerbis?

BALLION. – Je vais te le dire : parce que, par Pollux, tant que je serai vivant et de ce monde, tu ne seras jamais qu'un mauvais sujet. *(À Pseudolus.)* Il n'est pas de ton intérêt que je meure.

PSEUDOLUS. – Pourquoi donc ?

BALLION. – Pourquoi ? parce que, si j'étais mort, il n'y aurait pas dans Athènes un drôle pire que toi.

CALIDORE. – Je t'en prie, par Hercule, réponds maintenant sérieusement à ma question. Tu ne veux plus vendre ma maîtresse Phénicie ?

BALLION. – Assurément non, ma foi ; car je l'ai vendue depuis un bon bout de temps.

CALIDORE. – Comment ?

BALLION. – Sans ses nippes ; mais avec tripes et boyaux.

CALIDORE. – Tu as vendu ma maîtresse ?

BALLION. – Parfaitement, vingt mines.

CALIDORE. – Vingt mines ?

BALLION. – Ou quatre fois cinq mines, si tu préfères, à un militaire macédonien ; et j'en ai déjà touché quinze.

CALIDORE. – Qu'est-ce que j'entends ? Que me dis-tu là ?

BALLION. – Que de ta maîtresse j'ai fait de l'argent.

CALIDORE. – Pourquoi as-tu osé faire cela ?

BALLION. – Cela m'a plu ; elle était à moi.

CALIDORE. – Holà, Pseudolus, apporte une épée.

PSEUDOLUS. – Pour quoi faire, une épée ?

CALIDORE. – Pour le tuer, et moi aussi.

PSEUDOLUS. – Tu n'as qu'à te tuer tout seul ; lui, la faim le tuera bien un jour.

CALIDORE *(à Ballion)*. – Dis-moi, le plus perfide de tous ceux qui aient jamais mis pied sur la terre, ne m'avais-tu pas juré de ne la vendre à personne qu'à moi ?

BALLION. – Je l'avoue.

CALIDORE. – En termes formels ?

BA.   Etiam consutis quoque.
⟨CA.⟩ Periurauisti, sceleste.
BA.   At argentum intro condidi.
    Ego scelestus nunc argentum promere† possum domo;   355
    Tu qui piu's, istoc es genere gnatus, nummum non habes.
⟨CA.⟩ Pseudole, adsiste altrimsecus atque onera hunc maledictis.
PS.   Licet.
    Numquam ad praetorem aeque cursim curram, ut emit-
                                           tar manu.
⟨CA.⟩ Ingere mala multa.
PS.   Iam ego te differam dictis meis.
       Inpudice!
BA.   Itast.
PS.   Sceleste!
BA.   Dicis uera.
PS.   Verbero!   360
BA. Quippini?
PS.   Bustirape!
BA.   Certo.
PS.   Furcifer!
BA.   Factum optume.
PS. Sociofraude!
BA.   Sunt mea istaec.
PS.   Parricida!
BA.   Perge tu.
CA. Sacrilege!
BA.   Fateor.
CA.   Periure!
BA.   Vetera uaticinamini.
CA. Legirupa!
BA.   Valide.

BALLION. – Oui, et même bien cousus ensemble[18].

CALIDORE. – Tu as violé ton serment, scélérat !

BALLION. – Mais j'ai mis l'argent dans mon coffre. Avec ma scélératesse, j'ai de l'argent à ma disposition chez moi ; toi, avec ta religion, et la famille dont tu descends, tu n'as pas un denier.

CALIDORE *(outré)*. – Pseudolus, mets-toi de l'autre côté, et accable-le d'injures.

PSEUDOLUS. – Volontiers ; jamais je ne courrai aussi vite chez le préteur pour me faire affranchir.

CALIDORE. – Injurie-le copieusement.

PSEUDOLUS *(à Ballion)*. – Je m'en vais te déchirer à coups de mots. Impudent !

BALLION. C'est cela.

PSEUDOLUS. – Scélérat !

BALLION. – Tu dis vrai.

PSEUDOLUS. – Rossard !

BALLION. – Pourquoi pas ?

PSEUDOLUS. – Pilleur de tombeaux !

BALLION. – Certainement.

PSEUDOLUS. – Pendard !

BALLION. – Très bien.

PSEUDOLUS. – Traître à tes amis !

BALLION. – Ce sont là de mes traits.

PSEUDOLUS. – Parricide !

BALLION *(à Calidore)*. – Continue, toi.

CALIDORE. – Sacrilège !

BALLION. – Je l'avoue.

CALIDORE. – Parjure !

BALLION. – C'est de l'histoire ancienne que vous me chantez là.

CALIDORE. – Ennemi des lois !

BALLION. – Hardi !

---

18. Il y a un jeu de mots sur *conceptis*. L'expression *uerbis conceptis* désigne la formule solennelle des serments, mais *conceptis* signifie aussi « mis ensemble ». C'est sur ce sens que Ballion surenchérit avec la métaphore *consutis*, « cousus ensemble ».

PS.   Permities adulescentum!
BA.   Acerrume.
CA. Fur!
BA.   Babae.
PS.   Fugitiue!
BA.   Bombax.
CA.   Fraus populi!
BA.   Planissume.   365

PS. Fraudulente!
CA.   Inpure leno!
PS.   Caenum!
BA.   Cantores probos!
CA. Verberauisti patrem atque matrem.
BA.   Atque occidi quoque
    Potius quam cibum praehiberem. Num peccaui quippiam?
PS. In pertussum ingerimus dicta dolium; operam ludimus.
BA. Numquid aliud etiam uoltis dicere?
CA.   Ecquid te pudet?   370
BA. Ten, amatorem esse inuentum inanem quasi cassam nucem?
    Verum quamquam multa malaque [in me] dicta dixi-
                                            stis mihi,
    Nisi mihi hodie attulerit miles quinque quas debet minas,
    Sicut haec est praestituta summa ei argento dies,
    Si id non adfert, posse opinor facere me officium meum.   375
CA. Quid id est?
BA.   Si tu argentum attuleris, cum illo perdidero fidem.
    Hoc officium meumst. Ego, operae si sit, plus tecum loquar;
    Sed sine argento frustra es, qui me tui misereri postulas.
    Haec meast sententia, ut tu hinc porro quid agas consulas.

PSEUDOLUS. – Fléau de la jeunesse !

BALLION. – Courage !

CALIDORE. – Voleur !

BALLION. – Bravo !

PSEUDOLUS. – Esclave marron !

BALLION. – Vivat !

CALIDORE. – Escroc public !

BALLION. – C'est bien cela.

PSEUDOLUS. – Fripon !

CALIDORE. – Sale léno !

PSEUDOLUS. – Fumier !

BALLION. Les bons chanteurs !

CALIDORE. – Tu as battu ton père et ta mère.

BALLION. – Et même je les ai tués, plutôt que d'avoir à les nourrir. Quel mal y a-t-il à cela ?

PSEUDOLUS (à Calidore). – Autant verser de l'eau dans un tonneau percé ; nous perdons notre peine.

BALLION. – Avez-vous encore quelque chose à me dire ?

CALIDORE. – Tu n'as pas de honte ?

BALLION. – Et toi tu n'en as pas, de t'être montré un amoureux aussi vide qu'une noix creuse ? Mais, malgré toutes les injures que vous m'avez lancées, si le militaire ne m'a pas apporté les cinq mines qu'il me doit, aujourd'hui, dernier jour fixé pour la remise de la somme, s'il ne l'apporte pas donc, je pense que je puis faire mon métier.

CALIDORE. – Que veux-tu dire ?

BALLION. – Si toi tu m'apportes l'argent, je romprai le marché avec lui. C'est là mon métier. Si j'en avais le temps, je prolongerais l'entretien. Mais, sans argent c'est parler pour rien que de me demander de compatir à ta peine. Voilà mon dernier mot, pour que tu avises en conséquence à ce que tu dois faire.

CA. Iamne abis?

BA.   Negoti nunc sum plenus.

PS.   Paullo post magis.   380
Illic homo meus est, nisi omnes di me atque homines
                              deserunt.
Exossabo ego illum simulter itidem ut muraenam coquos.
Nunc, Calidore, te mihi operam dare uolo.

CA.   Ecquid imperas?

PS. Hoc ego oppidum admoenire ut hodie capiatur uolo.
Ad eam rem usust hominem astutum, doctum, cautum
                         et callidum,   385
Qui imperata ecfecta reddat, non qui uigilans dormiat.

CA. Cedo mihi, quid es facturus?

PS.   Temperi ego faxo scies.
Nolo bis iterari; sat sic longae fiunt fabulae.

CA. Optumum atque aequissimum oras.

PS.   Propera, adduc hominem cito.

(CA.) Pauci ex multis sunt amici, homini qui certi sient.   290

PS. Ego scio istuc. Ergo utrumque : tibi nunc dilectum para
Ex multis, atque exquire illinc unum qui certus siet.

CA.) Iam hic faxo aderit.

PS.   Potin ut abeas? tibi moram dictis creas.

———

CALIDORE. – Tu t'en vas déjà ?

BALLION. – Je suis accablé d'affaires en ce moment.

PSEUDOLUS *(à part)*. – Tu le seras davantage tout à l'heure. *(Ballion sort)*. Il est à moi, si les dieux et les hommes ne m'abandonnent pas tous. Je le désosserai exactement comme un cuisinier désosse une murène. *(Haut.)* Maintenant, Calidore, il faut que tu me secondes.

CALIDORE. – Qu'ordonnes-tu ?

PSEUDOLUS *(montrant la maison du vieux Simon)*. – Tu vois cette place ? mon dessein est de l'investir pour qu'elle soit dès aujourd'hui prise. Il me faut, pour m'aider, un homme fin, habile, prudent et retors, capable d'exécuter parfaitement mes ordres, quelqu'un qui ne dorme pas tout éveillé.

CALIDORE. – Dis-moi, quels sont tes projets ?

PSEUDOLUS. – Tu les sauras quand il sera temps. Je ne veux pas les redire deux fois ; les comédies sont assez longues comme cela.

CALIDORE. – Tu as tout à fait raison ; c'est très juste.

PSEUDOLUS. – Dépêche ; amène-moi vite ton homme.

CALIDORE. – On a beau avoir beaucoup d'amis ; il y en a peu sur qui on puisse compter.

PSEUDOLUS. – Je le sais. Aussi procède en deux fois . fais d'abord un choix dans la foule de tes amis, et cherche dans ce choix celui dont tu sois sûr entre tous.

CALIDORE. – Il sera ici dans un instant.

PSEUDOLUS. – Veux-tu bien t'en aller ? Tu te mets en retard toi-même avec tes discours *(Calidore s'en va)*.

PSEVDOLVS
SERVOS

Postquam illic hinc abiit, tu astas solus, Pseudole.
Quid nunc acturu's, postquam erili filio 395
Largitu's dictis dapsilis? Vbi surit ea?
Quoi neque paratast gutta certi consili
[Neque adeo argenti : neque nunc quid faciam scio.]
Neque exordiri primum unde occipias habes,
Neque ad detexundam telam certos terminos. 400
Sed quasi poeta, tabulas cum cepit sibi,
Quaerit quod nusquamst gentium, reperit tamen,
Facit illud ueri simile quod mendacium est,
Nunc ego poeta fiam : uiginti minas,
Quae nusquam nunc sunt gentium, inueniam tamen. 405
Atque ego me iam pridem huic daturum dixeram
Et uolui inicere tragulam in nostrum senem;
Verum is nescioquo pacto praesensit prius.
Sed conprimunda uox mihi atque oratio est;
Erum eccum uideo | huc Simonem una simul 410
Cum suo uicino Calliphone incedere.
Ex hoc sepulcro uetere uiginti minas
Effodiam ego hodie, quas dem erili filio.
Nunc huc concedam, unde horum sermonem legam.

(SCÈNE IV)
PSEUDOLUS, *seul*

Maintenant qu'il est parti, tu restes seul, Pseudolus.
Que comptes-tu faire après les promesses que tu as prodiguées si généreusement à ton jeune maître ? Où en es-
tu ? Tu n'as rien de prêt, pas l'ombre d'un dessein arrêté, ni du moindre argent, ni la moindre idée de ce que je
vais faire ; tu ne sais pas par quel bout tu dois commencer, ni à quel point tu dois t'arrêter pour achever ta
trame. Eh bien ! comme le poète, quand il prend ses
tablettes, cherche ce qui n'existe nulle part au monde, et
le trouve tout de même, donnant une apparence de vérité à ce qui est mensonge, je serai poète aussi, moi ; les
vingt mines, qui jusqu'à présent n'existent nulle part au
monde, je finirai bien par les trouver. Du reste il y a
longtemps que j'avais promis de les lui donner ; et j'ai
déjà voulu lancer mon trait contre notre vieillard ; mais
je ne sais comment cela s'est fait, il a pressenti le coup:..
Baissons le ton, et arrêtons notre discours ; voici venir
mon maître Simon en compagnie de Calliphon son voisin. Je déterrerai aujourd'hui vingt mines de ce vieux
sépulcre, pour les donner à mon jeune maître. Retirons-
nous de ce côté, pour recueillir leur conversation. *(Il se
met à l'écart, du côté opposé au chemin par où les deux
vieillards arrivent du forum.)*

SIMO   CALLIPHO   PSEVDOLVS
SENES   II   SERVOS

SI. Si de damnosis aut si de amatoribus   415
Dictator fiat nunc Athenis Atticis,
Nemo anteueniat filio, credo, meo.
Ita nunc per urbem solus sermoni omnibust,
Eum uelle amicam liberare et quaerere
Argentum ad eam rem. Hoc alii mihi renuntiant,   420
Atque id iam pridem sensi et subolebat mihi,
Sed dissimulabam.
PS.   Iam ille fe • • filius.
Occisa est haec res, haeret hoc negotium.
Quo in commeatum uolui | argentarium
Proficisci, ibi nunc oppido opsaeptast uia.   425
Praesensit; nil est praedae praedatoribus.
CA. Homines qui gestant quique auscultant crimina,
Si meo arbitratu liceat, omnes pendeant,
Gestores linguis, auditores auribus.
Nam istaec quae tibi renuntiantur, filium   430
Te uelle amantem argento circumducere,
Fors fuat an istaec dicta sint mendacia,
Sed si sint ea uera, ut nunc mos est, maxume,
Quid mirum fecit, quid nouom, adulescens homo
Si amat, si amicam liberat?
PS.   Lepidum senem!   435
SI. Vetus nolo faciat.
CA.   At enim nequiquam neuis;
Vel tu ne faceres tale in adulescentia.
Probum patrem esse oportet, qui gnatum suum
Esse probiorem quam ipsus fuerit postulet.

(SCÈNE V)

SIMON CALLIPHON PSEUDOLUS

SIMON. – Si on allait chercher parmi les prodigues ou les débauchés d'Athènes l'Attique un candidat à la dictature, personne, je crois, ne serait préféré à mon fils. Voyez aujourd'hui ! Il n'est bruit que de lui dans toute la ville, de son projet d'affranchir sa maîtresse, de ses efforts pour trouver l'argent nécessaire. On est venu me le raconter ; mais il y a longtemps que je m'en doutais, et que je flairais quelque chose. Je ne faisais semblant de rien.

PSEUDOLUS *(à part)*. – Le voilà déjà qui subodore les projets de son fils. C'est la mort de mes plans ; notre affaire est en panne. La place où je voulais aller me ravitailler en argent m'est fermée ; la route est maintenant bouchée bel et bien. Il a eu vent de la chose. Plus de butin pour les butineurs.

CALLIPHON. – Ceux qui colportent des médisances et ceux qui les écoutent, si cela dépendait de moi, seraient tous pendus, les colporteurs par la langue, les écouteurs, par les oreilles. Car tous ces racontars qu'on vient te faire à propos de ton fils, et sur son intention de t'escroquer de l'argent pour ses amours, peut-être après tout, n'est-ce qu'un mensonge. Mais serait-ce cent fois vrai, étant données les mœurs d'à présent, qu'a-t-il fait de si étrange, de si extraordinaire d'être amoureux, lui, un jeune homme, et de vouloir affranchir sa maîtresse ?

PSEUDOLUS *(à part)*. – Le gentil vieillard !

SIMON. – Moi, qui suis un vieil homme, je ne veux pas de cela.

CALLIPHON. – Cela ne te sert à rien de ne pas vouloir. Ou alors, tu ne devais pas en faire autant toi-même dans ta jeunesse. Il faut qu'un père n'ait rien à se reprocher, s'il exige que son fils soit encore plus irréprochable qu'il

Nam tu quod damni et quod fecisti flagiti   **440**
Populo uiritim potuit dispertirier.
Idne tu mirare, si patrissat filius?
PS. 'Ω Ζεῦ, quam pauci | estis homines commodi! Em,
    Illic est pater, patrem esse ut aequom est filio.
SI. Quis hic loquitur? Meus est *h*ic quidem seruos Pseu-
                                          dolus.   **445**
Hic mihi corrumpit filium, scelerum caput;
Hic dux, hic illist paedagogus; hunc ego
Cupio excruciari.
CA.   Iam istaec insipientiast
Iram | in promptu gerere. Quanto satius est
Adire blandis uerbis atque exquaerere   **450**
Sint illa necne sint quae tibi renuntiant.
Bonus animus in mala re dimidiumst mali.
SI. Tibi auscultabo.
PS.   Itur ad te, Pseudole.
Orationem tibi para aduorsum senem.
Erum saluto primum, ut aequomst; postea,   **455**
Siquid superfit, uicinos inpertio.
SI. Salue. Quid agitur?
PS.   Statur hic ad hunc modum.
⟨SI.⟩ Statum uide hominis, Callipho; quam basilicum!
CA. Bene confidenterque astitisse intellego.
PS. Decet innocentem qui sit atque innoxiu*m*   **460**
Seruom superbum esse apud erum potissimum.
CA. Sunt quae te uolumus percontari, quae quasi
Per nebulam nosmet scimus atque audiuimus.
SI. Conficiet iam te hic uerbis, ut tu censeas
Non Pseudolum, sed Socratem tecum loqui.   **465**

ne l'a été lui-même. Toi, avec tout ce que tu as dépensé pour tes fredaines, on aurait pu faire une distribution au peuple, sans oublier personne. Et tu es étonné que le fils marche sur les traces de son père ?

PSEUDOLUS *(haut)*. – Ô Zeus ! pourquoi faut-il que les hommes accommodants soient si rares ? Voilà un père comme tout père doit être pour son fils.

SIMON. – Qui parle ici ? Hé ! mais c'est mon esclave Pseudolus ! C'est lui, c'est ce gibier de potence qui me débauche mon fils. C'est lui son guide, c'est lui son précepteur. J'ai grande envie de le mettre à la torture.

CALLIPHON *(bas à Simon)*. – C'est sottise de laisser paraître ouvertement sa colère. Il vaut bien mieux l'aborder avec de bonnes paroles, et tâcher de savoir si ce qu'on t'a raconté de ton fils est vrai ou faux. Un bon esprit dans le malheur diminue le mal de moitié.

SIMON. – Je suivrai ton conseil. *(Il s'avance vers Pseudolus.)*

PSEUDOLUS *(à part)*. – On vient à toi, Pseudolus. Dresse tes batteries oratoires contre le vieillard. *(Haut.)* Salut à mon maître d'abord, comme il se doit ; ensuite, s'il en reste, salut pour les voisins.

SIMON. – Bonjour. Comment va-t-on ?

PSEUDOLUS. – On se maintient, comme tu vois.

SIMON. – Regarde son maintien, Calliphon ! orgueilleux comme un roi.

CALLIPHON. – Il se tient bien, et avec un air d'assurance, à ce que je vois.

PSEUDOLUS. – Il sied à un esclave sans faute et sans reproche d'être fier, et surtout devant son maître.

CALLIPHON. – Il y a quelques choses que nous voulons te demander, et sur lesquelles nous sont venus certains renseignements, certains on-dit, mais confusément comme à travers un brouillard.

SIMON. – Il va t'embobiner si bien dans ses discours que tu croiras que ce n'est pas un Pseudolus, mais un Socrate qui te parle.

PS. Itast; iam pridem tu me spernis, sentio.
Paruam esse apud te mihi fidem ipse intellego.
Cupîs me esse nequam; tamen ero frugi bonae.

SI. Fac sis uociuas, Pseudole, aedis aurium,
Mea ut migrare dicta possint quo uolo.   470

PS. Age loquere quiduis, tam etsi tibi suscenseo.

SI. Mihin domino seruos tu suscenses?

PS.   Tam tibi
Mirum id uidetur?

SI.   Hercle qui, ut tu praedicas,
Cauendum est mi aps te irato, atque alio tu modo
Me uerberare atque ego te soleo cogitas.   475
Quid censes?

CA.   Edepol merito esse iratum arbitror,
Quom apud te paruast ei fides.

SI.   Iam sic sine
Iratus sit; ego nequid noceat cauero.
Sed quid ais? Quid hoc quod te rogo?

PS.   Siquid uis, roga :
Quod scibo, Delphis tibi responsum dicito.   480

SI. Aduorte ergo animum et fac sis promissi memor.
Quid ais? Ecquam scis filium tibicinam
Meum amare?

PS.   Ναὶ γάρ [mea est].

SI.   Liberare quam uelit?

PS. Καὶ τοῦτο ναὶ γάρ.

PSEUDOLUS. – Hé, oui ! il y a longtemps que tu me méprises, je le vois. Tu n'as qu'une faible confiance en moi, je le sais. Tu veux que je sois un vaurien ; cela ne m'empêchera pas d'être un brave garçon.

SIMON. – Tiens-nous vacants, veux-tu, Pseudolus ? les appartements de tes oreilles, pour que mes paroles puissent s'y loger comme je veux.

PSEUDOLUS. – Va, dis tout ce que tu voudras, quoique j'aie une dent contre toi.

SIMON. – Toi, une dent contre moi ? Un esclave contre son maître ?

PSEUDOLUS. – Cela t'étonne tant que cela ?

SIMON. – Par Hercule ! à t'entendre, je dois sans doute me protéger contre ta colère, et tu songes à me taper d'une autre façon que celle dont j'use avec toi. *(À Calliphon.)* Quel est ton avis ?

CALLIPHON. – Ma foi, je trouve qu'il a raison d'être en colère du peu de confiance que tu as en lui.

SIMON. – Hé bien, laisse-le être en colère tout à son aise. Moi j'aurai soin de veiller à ce qu'il ne fasse pas de mal. *(À Pseudolus.)* Mais dis donc, et ce que je voulais te demander ?

PSEUDOLUS. – Si tu as quelque question à me poser, interroge. Pour ce que je saurai, tu pourras dire que c'est l'oracle de Delphes qui te répond.

SIMON. – Alors, fais attention, et tâche de ne pas oublier ta promesse. Dis-moi : tu sais que mon fils aime certaine joueuse de flûte ?

PSEUDOLUS. – *Certamente*.

SIMON. – Et qu'il veut l'affranchir ?

PSEUDOLUS. – *Anche certamente*[19].

---

19. A. Ernout emprunte ces traductions italiennes des formules grecques du texte à J. Naudet (*Théâtre de Plaute*, Collection Panckoucke, 1831-1838). P. Grimal, dans sa traduction, garde l'idée mais propose une variante : « Si signor ! – Anche questo, lo so. »

SI.   Ecquas uiginti minas

  [Per sycophantiam atque per doctos dolos]   485
  Paritas ut a me⟨d⟩ auferas?

PS.   Aps te ego auferam?

SI. Ita : quas *meo* gnato des, qui amicam liberet?
  Fatere; dic : καὶ τοῦτο ναί.

PS.   Καὶ τοῦτο ναί.

CA. Fatetur.

SI.   Dixin, Callipho, dudum tibi?

CA. Memini.

SI.   Quor haec tu ubi resciuisti ilico   490
  Celata me sunt? cur non resciui?

⟨PS.⟩   Eloquar :
  Quia nolebam ex me morem progigni malum,
  Erum ut seruos criminaret apud erum.

⟨SI.⟩ Iuberes hunc praecipitem in pistrinum trahi.

⟨CA.⟩ Numquid peccatum | est, Simo?

SI.   Inimo maxume.   495

PS. Desiste; recte ego meam rem sapio, Callipho :
  Peccata mea sunt. Animum aduorte nunciam,
  Quapropter †te expertem amoris nati habuerim :†
  Pistrinum in mundo scibam, si id faxem, mihi.

SI. Non a me scibas pistrinum in mundo tibi,   500
  Cum ea mussitabas?

PS.   Scibam.

SI.   Quin dictum est mihi?

PS. Quia illud malum aderat, istuc aberat longius;
  Illud erat praesens, huic erant dieculae.

SI. Quid nunc agetis? Nam hinc quidem a me non potest
  Argentum auferri, qui praesertim senserim.   505
  Ne quisquam credat nummum, iam edicam omnibus.

SIMON. – Et que tu t'apprêtes par tes intrigues et tes savantes fourberies à m'escroquer certaines vingt mines ?

PSEUDOLUS. – Moi, t'escroquer ?

SIMON. – Oui, pour donner à mon fils de quoi affranchir sa maîtresse. Avoue ; dis donc *Certamente*.

PSEUDOLUS. – *Certamente*.

CALLIPHON. – Il avoue !

SIMON. – Eh bien, Calliphon ! ne te l'ai-je pas dit ?

CALLIPHON. – Je m'en souviens.

SIMON. – Pourquoi, dès que tu l'as su, m'en as-tu fait mystère ? Pourquoi ne l'ai-je pas su ?

PSEUDOLUS. – Je vais te l'expliquer : c'est que je ne voulais pas créer le fâcheux précédent d'un esclave dénonçant son maître à son autre maître.

SIMON. – Ne devrait-on pas le faire traîner par le cou jusqu'au moulin ?

CALLIPHON. – Il est donc coupable, Simon ?

SIMON. – Oui, morbleu ! et très coupable.

PSEUDOLUS. – N'insiste pas ; je connais bien mon affaire, Calliphon. Mes fautes ne regardent que moi. *(À Simon.)* Écoute-moi maintenant : pourquoi je ne t'ai pas mis au courant des amours de ton fils ? Je savais que le moulin m'attendait, si je l'avais fait.

SIMON. – Et tu ne savais pas que de mon côté il t'attendait aussi, quand tu ne me soufflais mot ?

PSEUDOLUS. – Si.

SIMON. – Pourquoi ne m'as-tu rien dit ?

PSEUDOLUS. – Parce que, de son côté, le mal me talonnait ; du tien, il était plus éloigné. Pour l'un, il n'y avait point de remise, pour l'autre, j'avais un peu de répit.

SIMON. – Qu'allez-vous faire maintenant ? Car il n'y a pas moyen de m'escroquer mon argent, surtout que je vous ai devinés. Et je vais faire donner ordre à tout le monde qu'on ne vous prête pas un denier.

PS. Numquam edepol quoiquam supplicabo, dum quidem
Tu uiues. Tu mihi hercle | argentum dabis;
Abs te equidem sumam.

SI.   Tu a me sumes?

PS.   Strenue.

SI. Excludito mihi hercle oculum, si dedero.

PS.   Dabis.   510
Iam dico ut a me caueas.

SI.   Certe edepol scio :
Si apstuleris, mirum et magnum facinus feceris.

PS. Faciam.

SI.   Si non apstuleris?

⟨PS.⟩   Virgis caedito.
Sed quid, si abstulero?

SI.   Do Iouem testem tibi
Te aetatem inpune habiturum.

PS.   Facito ut memineris.   515

SI. Egon ut cauere nequeam, cui praedi⟨ci⟩tur?

PS. Praedico, ut caueas; dico, inquam, ut caueas. Caue!
Em, istis mihi *tu* hodie manibus argentum dabis.

CA. Edepol mortalem graphicum, si seruat fidem!

PS. Seruitum tibi me abducito, ni fecero.   520

SI. Bene atque amice dicis; nam nunc non meu's?

PS. Vin etiam dicam quod uos magis miremini?

SI. Studeo hercle audire, nam ted ausculto lubens.

PSEUDOLUS. – Jamais, par Pollux, de ton vivant, je n'irai m'agenouiller devant personne. C'est toi, par Hercule, qui me donneras de l'argent, c'est de toi que j'en tirerai, sur ma foi.

SIMON. – Toi, tu m'en tireras ?

PSEUDOLUS. – Bel et bien.

SIMON. – Je veux que tu m'arraches un œil, par Hercule, si je t'en donne.

PSEUDOLUS. – Tu m'en donneras. Je t'avertis de prendre garde à moi.

SIMON. – Ce dont je suis sûr, par Pollux, c'est que, si tu m'en escroques, tu auras fait un merveilleux et magnifique exploit.

PSEUDOLUS. – Je le ferai.

SIMON. – Et si tu ne m'escroques pas ?

PSEUDOLUS. – Fais-moi battre de verges. Mais si je parviens à t'escroquer ?

SIMON. – J'en prends Jupiter à témoin, tu auras pleine et entière impunité.

PSEUDOLUS. – Tâche de t'en souvenir.

SIMON. – Je ne saurais pas me tenir en garde quand je suis averti ?

PSEUDOLUS. – Je t'avertis de te bien garder. Je te dis de te bien garder, je te le répète. Prends garde. Tiens ; de tes deux mains, je dis bien, de tes propres mains, tu me donneras toi-même l'argent aujourd'hui.

CALLIPHON. – Par Pollux ! il est à peindre, s'il tient parole.

PSEUDOLUS *(à Simon)*. – Emmène-moi en servitude chez toi, si j'y manque.

SIMON – Tu as trop d'obligeance et de bonté, car tu n'es plus à moi, sans doute ?

PSEUDOLUS *(à Simon)*. – Veux-tu que je te dise encore une chose qui vous étonnera bien davantage ?

SIMON. – Je suis curieux de l'entendre, par Hercule ; car j'ai plaisir à t'écouter.

[SI. Agedum; nam satis lubenter te ausculto loqui.   523ᵇ]

PS. Prius quam istam pugnam pugnabo, ego etiam prius
    Dabo aliam pugnam claram et commemorabilem.   525

SI. Quam pugnam?

PS.   Em, ab hoc lenone uicino tuo
    Per sycophantiam atque per doctos dolos
    Tibicinam illam tuus quam gnatus deperit,
    Ea circumducam lepide lenonem.

SI.   Quid est?

PS. Effectum hoc hodie reddam utrumque ad uesperum. 530

SI. Siquidem istaec opera, ut praedicas, perfeceris,
    Virtute regi | Agathocli antecesseris.
    Sed si non faxis, numquid causaest ilico
    Quin te in pistrinum condam?

PS.   Non unum [quidem] ⟨in⟩ diem [modo.]
    Verum hercle in omnis, quantumst. Sed si effecero, 535
    Dabin mihi argentum quod dem lenoni, ilico,
    Tua uoluntate?

CA.   Ius bonum orat Pseudolus.
    « Dabo » inque.

SI.   At enim scin quid mihi in mentem uenit?
    Quid si hisce inter se consenserunt, Callipho,
    Aut de conpecto faciunt consutis dolis,   540
    Qui me argento interuortant?

PS.   Quis me audacior
    Sit, si istuc facinus audeam [facere]? Immo sic, Simo:
    Si sumus compecti seu consilium umquam iniimus
                                    [de istac re], 543ᵃ
    Aut si de ea re umquam inter nos conuenimus,

SIMON. — Parle donc ; car j'ai assez de plaisir à t'écouter parler.

PSEUDOLUS. — Avant de livrer ce combat contre toi, j'en livrerai au préalable un autre, glorieux et mémorable.

SIMON. — Contre qui ?

PSEUDOLUS *(montrant la maison de Ballion)*. — Tiens, contre ce léno, ton voisin ; par mes intrigues et mes savantes fourberies, tu sais, la joueuse de flûte dont ton fils est éperdument amoureux ? Eh bien ! je la soufflerai au léno d'une jolie manière.

SIMON. — Que dis-tu là ?

PSEUDOLUS. — J'aurai achevé l'une et l'autre de ces tâches pour ce soir même.

SIMON. — Si vraiment tu accomplis ces opérations, comme tu t'en vantes, tu aurais surpassé en vaillance le roi Agathoclès[20]. Mais si tu échoues, ne suis-je pas en droit de t'enfermer sur-le-champ au moulin ?

PSEUDOLUS. — Et non pas pour un seul jour, par Hercule ! mais pour tous les jours qui me restent à vivre. Mais si je réussis, ne me donneras-tu pas l'argent pour payer le léno, sur le champ, de ton plein gré ?

CALLIPHON. — Sa demande est de toute justice ; dis-lui donc oui.

SIMON *(à Calliphon)*. — Ah ça, mais... sais-tu la pensée qui me vient à l'esprit ? S'ils étaient tous deux d'intelligence, Calliphon ? Ou s'ils avaient de concert tramé ce complot, les roués, pour me filouter mon argent ?

PSEUDOLUS. — Y aurait-il mortel plus audacieux que moi, si j'osais un coup pareil ? Écoute plutôt, Simon : si nous avons comploté ensemble, ou si nous nous sommes jamais entendus à ce sujet, ou si jamais nous avons concerté entre nous quoi que ce soit, je veux que,

---

20. Sur ce roi de Syracuse, voir l'Introduction, p. XV.

    Quasi in libro cum scribuntur calamo litterae,
    Stilis me totum usque ulmeis conscribito.   **545**

SI. Indice ludos nunciam, quando lubet.

PS. Da in hunc diem operam, Callipho, quaeso, mihi,
    Ne quo te ad aliud occupes negotium.

CA. Quin rus ut irem iam heri constitueram.

PS. At nunc disturba quas statuisti machinas.   **550**

CA. Nunc non abire certum est istac gratia.
    Lubidost ludos tuos spectare, Pseudole;
    Et si hunc uidebo non dare argentum tibi
    Quod dixit, potius quam id non fiat, ego dabo.

⟨SI.⟩ Non demutabo.

PS.   Namque edepol, si non dabis,   **555**
    Clamore magno et multo flagitabere.
    Agite amolimini hinc uos intro nunciam,
    Ac meis uicissim date locum fallaciis.

CA. Fiat; geratur mos tibi.

PS.   Sed te uolo
    Domi usque adesse.

CA.   Quin tibi hanc operam dico.   **560**

SI. At ego ad forum ibo; iam hic ero.

PS.   Actutum redi.
    Suspicio est mihi nunc uos suspicarier,

comme on trace les lettres sur le papyrus avec un roseau, tu fasses écrire sur tout mon corps avec des poinçons d'orme[21].

SIMON. – Allons, annonce dès maintenant l'ouverture des jeux, puisqu'il te plaît ainsi.

PSEUDOLUS. – Prête-moi ton aide pour cette journée, Calliphon, je t'en prie ; renonce à toute autre occupation.

CALLIPHON. – C'est que je m'étais arrangé déjà hier pour aller à la campagne.

PSEUDOLUS. – Hé bien ! dérange les arrangements que tu avais pris.

CALLIPHON. – Entendu ; à cause de toi, je ne m'en vais pas, c'est décidé. J'ai envie d'assister aux jeux que tu vas nous donner, Pseudolus ; *(montrant Simon)* et si je le vois refuser de te donner l'argent, comme il l'a dit, plutôt que de te voir frustré de cette somme, c'est moi-même qui te la donnerai.

SIMON. – Je ne me dédirai pas.

PSEUDOLUS *(à Simon)*. – Tu fais bien ; car par Pollux, si tu ne la donnes pas, on viendra te la réclamer à cor et à cri. Allons, transportez-vous sans tarder à la maison, et laissez le champ libre à mes fourberies ; c'est leur tour.

CALLIPHON. – Soit ; qu'on t'obéisse.

PSEUDOLUS. – Mais je veux que tu sois tout le temps là, chez toi.

CALLIPHON. – Bien mieux ; je te promets mon concours.

SIMON. – Moi je vais au forum ; je serai ici dans un instant.

PSEUDOLUS. – Reviens tout de suite. *(Les deux vieillards s'en vont chacun de leur côté. Pseudolus, resté seul, aux spectateurs.)* J'ai le soupçon que vous me

---

21. Pseudolus évoque deux façons d'écrire : avec de l'encre et un roseau sur le papyrus et avec un poinçon d'ivoire, de métal ou de bois sur la cire. On faisait en bois d'orme des bâtons, dont on pouvait à l'occasion battre les esclaves.

Me idcirco haec tanta facinora promittere,
Quo uos oblectem, hanc fabulam dum transigam,
Neque sim facturus quod facturum dixeram.   565
Non demutabo. Atque etiam certum, quod sciam,
Quo id sim facturus pacto, nil etiam scio,
Nisi quia futurumst. Nam qui in scaenam prouenit,
Nouo modo nouom aliquid inuentum adferre addecet;
Si id facere nequeat, det locum illi qui queat.   570
Concedere aliquantisper hinc mihi intro lubet
Dum concenturio in corde sycophantias.
• • • exibo, non ero uobis morae.   573ᵃ
Tibicen uos interibi hic delectauerit.   573ᵇ

soupçonnez pour le moment de ne vous promettre monts et merveilles que pour vous amuser, jusqu'à ce que j'arrive au bout de ma comédie, et vous me croyez peut-être incapable de faire ce que j'avais promis. Je ne me dédirai pas. Au reste, je ne sais encore rien de certain, que je sache, sur la façon dont je m'y prendrai ; mais l'affaire se fera, j'en suis sûr. Quand on se présente sur la scène, il faut y apporter d'une manière nouvelle quelque nouvelle invention. Si on en est incapable, il faut céder la place à un plus capable. J'ai envie de me retirer un moment et de rentrer chez nous, le temps de rassembler dans ma tête le bataillon de mes intrigues. *(Lacune.)* Je m'en vais, vous n'attendrez pas longtemps. Pendant ce temps, le joueur de flûte vous divertira.

⟨ACTVS II⟩

PSEVDOLVS
SERVOS

Pro Iuppiter, ut mihi, quicquid ago, lepide omnia pro-
                                    spereque eueniunt!
Neque quod dubitem neque quod timeam, meo in pec-
                            tore conditumst consilium.   575
Nam ea stultitiast, facinus magnum timido cordi credere;
        Nam omnes res perinde sunt
Vt agas, ut eas magni facias. Nam ego in meo prius pectore
        Ita paraui copias,
Duplicis, triplicis, dolos, perfidias, ut ubiquomque hosti-
                            bus congrediar —   580
            Maiorum meum fretus uirtute dicam,
            Mea industria et malitia fraudulenta —
Facile ut uincam, facile ut spoliem meos perduellis meis
                                    perfidiis.
Nunc inimicum ego hunc communem meum atque
                            uostr⟨or⟩um omnium
Ballionem exballistabo lepide; date operam modo.   585ᵃ
Hoc ego oppidum admoenire ut hodie capiatur uolo,   585ᵇ
Atque huc meas legiones adducam; si expugno — faci-
                    lem hanc rem meis ciuibus faciam —
Post ad oppidum hoc uetus continuo meum exercitum
                            protinus obducam.
Inde me et simul participis omnis meos praeda onerabo
                                    atque opplebo,
Metum et fugam perduellibus meis me ut sciant natum.
Eo sum genere gnatus : magna me facinora decet efficere, 590
        Quae post mihi clara et diu clueant.

(ACTE II)

(SCÈNE I)

PSEUDOLUS

Ô Jupiter, comme toutes mes opérations réussissent joliment, heureusement ! Point de crainte, point d'hésitation à avoir ; mon dessein est bien arrêté dans mon esprit. C'est une sottise, en effet, de confier une grande entreprise à un cœur timide. Car les choses sont ce qu'on les fait, elles ont l'importance qu'on leur donne. Pour moi j'ai au préalable si bien préparé dans ma tête mes troupes, ma double, ma triple ligne de ruses et de perfidies que, partout où je me rencontrerai avec l'ennemi – fort de la valeur de mes ancêtres, j'ose le dire, fort aussi de mon génie inventif et de ma malice traîtresse – je vaincrai facilement, je dépouillerai facilement mes adversaires, grâce à mes perfidies. Commençons par notre ennemi commun à moi et à vous tous, ce Ballion que mes balistes vont démolir proprement : regardez-moi faire seulement. Cette place-ci *(montrant la maison du léno)*, mon dessein est de l'investir pour qu'elle soit prise dès aujourd'hui, et c'est contre elle que je vais conduire mes légions. Si je l'emporte – et je m'arrangerai pour faciliter la chose à mes concitoyens – sans désemparer, je mène tout droit mon armée bloquer cette vieille place-là *(il montre la maison de Simon)*. Le butin pris dans la ville, je nous chargerai, je nous gorgerai moi et tous mes braves compagnons, afin qu'on sache que je suis né pour jeter la terreur et la panique chez mes ennemis. Telle est la race dont je descends : il me faut accomplir de grands exploits qui laissent après moi une longue et brillante renommée…

Sed hunc quem uideo? Quis hic est qui oculis meis
            obuiam ignobilis obicitur?
Lubet scire quid hic uelit cum machaera, et huic, quam
            rem agat, hinc dabo insidias. 593. 594

(Apercevant Harpax.) Mais quel est cet homme que j'aperçois ? Quel est cet inconnu que le hasard présente à mes yeux ? Je suis curieux de savoir ce qu'il veut avec son braquemart. Que vient-il faire ? Mettons-nous ici en embuscade.

HARPAX   PSEVDOLVS
CACVLA   SERVOS

HA. Hi loci sunt atque hae regiones quae mi ab ero sunt
demonstratae, 595
Vt ego oculis rationem capio quam mi ita dixit erus
meus miles,
Septumas esse aedis a porta, ubi ille habitet leno, quoi iussit
Symbolum me ferre et hoc argentum. Nimis uelim certum qui id mihi faciat,
Ballio leno ubi | hic habitat.

PS. [Stl tace, tace; meus hic est homo, ni omnes di atque
homines deserunt.] 600
Nouo consilio nunc mihi | opus est,
Noua res haec subito mi obiecta est. 601b
Hoc praeuortar principio; illa omnia missa habeo quae
ante agere occepi.
Iam pol ego hunc stratioticum nuntium aduenientem
probe percutiam.

HA. Ostium pultabo atque intus euocabo aliquem foras.

PS. Quisquis es, compendium ego te facere pultandi uolo; 605
Nam ego precator et patronus foribus processi foras.

IIA. Tunc es Ballio?

PS.   Immo uero ego eius sum Subballio.

IIA. Quid istuc uerbist?

PS.   Condus promus sum, procurator peni.

HA. Quasi te dicas atriensem.

PS.   Immo atriensi ego impero.

(SCÈNE II)

HARPAX,
en costume de voyage, une courte épée au côté
PSEUDOLUS

Harpax *(regardant autour de lui pour reconnaître les lieux)*. – Voilà l'endroit, le quartier qui m'a été indiqué par mon maître le militaire, autant que mes yeux peuvent vérifier ce que m'a dit sa bouche : septième maison à partir de la porte, c'est là que demeure le léno, auquel il m'a chargé de porter ce sceau et cet argent. Je voudrais bien trouver quelqu'un pour m'indiquer exactement où habite ce léno Ballion.

Pseudolus *(à part, se parlant à lui-même)*. – Chut ! silence, silence ! Il est à moi si les dieux et les hommes ne m'abandonnent pas tous. Il me faut à présent un nouveau stratagème, pour la nouvelle circonstance qui soudain s'offre à moi. Je m'occuperai pour commencer de celui-ci ; je lâche tout ce que j'avais déjà mis en train. Par Pollux, voici un messager militaire que je m'en vais pour sa venue, étriller de la belle manière.

Harpax. – Frappons à la porte, et appelons quelqu'un de la maison qui vienne jusqu'ici. *(Il s'approche de la maison de Ballion.)*

Pseudolus *(allant à sa rencontre)*. – Qui que tu sois ; je veux que tu finisses de frapper ; car je suis venu tout exprès dans la rue pour intercéder en faveur de cette porte ; elle est sous ma protection.

Harpax. – Est-ce toi qui es Ballion ?

Pseudolus. – Non ; mais je suis son Sous-Ballion.

Harpax. – Quelle espèce de nom est-ce là ?

Pseudolus. – Je suis l'administrateur du garde-manger, le procurateur aux vivres.

Harpax. – Comme qui dirait l'intendant.

Pseudolus. – Ah non ! c'est moi qui donne des ordres à l'intendant.

HA. Quid tu, seruosne es an liber?

PS. Nunc quidem etiam seruio. 610

HA. Ita uidere, et non uidere dignus qui liber sies.

PS. Non soles respicere te, quom dicis iniuste alteri?

HA. Hunc hominem malum esse oportet.

PS. Di me seruant atque amant,
Nam haec mihi incus est; procudam ego hodie hinc
multos dolos.

HA. Quid illic solus secum loquitur?

PS. Quid ais tu, adulescens?

HA. Quid est? 615

PS. Esne tu an non es ab illo milite Macedonio?
Seruus eius qui hinc a nobis est mercatus mulierem,
Qui argenti meo ero lenoni quindecim dederat minas,
Quinque debet?

HA. Sum. Sed ubi tu me nouisti gentium
Aut uidisti aut conlocutu's? Nam equidem Athenas antidhac 620
Numquam adueni, neque te uidi ante hunc diem umquam oculis meis. 621. 622

PS. Quia uidere inde esse; nam olim quom abiit, argento
haec dies
Praestitutast, quoad referret nobis, neque dum rettulit.

HA. Immo adest.

PS. Tun attulisti?

HA. Egomet.

PS. Quid dubitas dare? 625

HA. Tibi ego dem?

PS. Mihi hercle uero, qui res rationesque eri
Ballionis curo, argentum accepto [expenso] et quoi
debet dato.

HARPAX. – Alors, es-tu esclave ou libre ?

PSEUDOLUS. – Pour l'instant, il est vrai que je sers encore.

HARPAX. – Tu en as l'air ; et tu n'as pas l'air digne de la liberté.

PSEUDOLUS. – Tu ne t'es jamais regardé, avant de dire aux autres des injures ?

HARPAX *(à part)*. – Ce doit être un fripon.

PSEUDOLUS *(à part)*. – Les dieux me protègent et me favorisent : voici une enclume toute trouvée pour moi ; elle va me servir aujourd'hui à forger bien des tours.

HARPAX *(à part)*. – Qu'est-ce qu'il a à se parler tout seul ?

PSEUDOLUS *(haut)*. – Dis donc, mon garçon ?

HARPAX. – Qu'y a-t-il ?

PSEUDOLUS. – Viens-tu, oui ou non, de la part de ce militaire de Macédoine ? N'es-tu pas l'esclave de cet individu qui nous a acheté une femme ? Et qui avait donné quinze mines en acompte au léno mon maître ? Et qui en doit encore cinq ?

HARPAX. – Si fait. Mais d'où diantre me connais-tu ? Où m'as-tu vu ? Où m'as-tu parlé ? Car jamais jusqu'à présent je n'ai mis le pied dans Athènes ; jamais avant ce jour mes yeux ne t'avaient aperçu.

PSEUDOLUS. – J'ai deviné à ta mine que tu venais de sa part ; car, autrefois, au moment de son départ, c'est ce jour-ci qui a été fixé comme dernier terme du paiement, et il n'a pas encore payé.

HARPAX. – Oui, mais l'argent est là.

PSEUDOLUS. – C'est toi qui l'apportes ?

HARPAX. – Moi-même.

PSEUDOLUS. – Que tardes-tu à le donner ?

HARPAX. – Te le donner, à toi ?

PSEUDOLUS. – Bien sûr, à moi, parbleu, moi qui suis l'homme d'affaires et le comptable de mon maître Ballion, qui encaisse ses recettes, et qui paie à qui il doit.

HA. Si quidem hercle etiam supremi promptes thensauros Iouis,
Tibi libellam argenti numquam credam.

(PS.)   Dum tu sternuas,
Res erit soluta.

HA.   Vinctam potius sic seruauero.   630

PS. Vae tibi! Tu inuentu's uero meam qui furcilles fidem.
Quasi mihi non sescenta tanta soli soleant credier.

HA. Potest ut alii ita arbitrentur et ego ut ne credam tibi.

PS. Quasi tu dicas me te uelle argento circumducere.

HA. Immo uero quasi tu dicas quasique ego autem id suspicer. 635
Sed quid est tibi nomen?

PS.   Seruus est huic lenoni Surus;
Eum esse me dicam. Surus sum.

HA.   Surus?

PS.   Id est nomen mihi.

HA. Verba multa facimus. Erus si tuus domi est, quin prouocas,
Vt id agam quod missus huc sum, quicquid est nomen tibi?

PS.) Si intus esset, euocarem; uerum si dare uis mihi,   640
Magis erit solutum quam ipsi dederis.

HA.   At enim scin quid est?
Reddere hoc, non perdere, erus me misit. Nam certo scio
Hoc febrim tibi esse, quia non licet huc inicere ungulas.
Ego nisi ipsi Ballioni nummum credam nemini.

PS. At illic nunc negotiosust; res agitur apud iudicem.   645

HARPAX. — Quand tu serais, par Hercule, le trésorier du grand Jupiter, je ne te confierais jamais le moindre écu.

PSEUDOLUS. — Le temps que tu éternues, ce sera une affaire acquittée.

HARPAX *(montrant la bourse qu'il tient dans sa ceinture)*. — J'aime mieux la garder prisonnière comme elle est.

PSEUDOLUS. — La peste de toi ! Tu es bien venu de soupçonner la solidité de mon honnêteté[22] ! Comme si l'on ne m'en confiait pas tous les jours six cents fois autant, seul à seul.

HARPAX. — Il se peut que d'autres croient pouvoir le faire, sans que moi, je te donne ma confiance.

PSEUDOLUS. — Autant dire que je veux t'escroquer ton argent.

HARPAX. — C'est toi-même qui le dis ; prends que moi, je le soupçonne. Mais comment t'appelles-tu ?

PSEUDOLUS *(à part)*. — Le léno a un esclave nommé Syrus ; je vais dire que c'est moi. *(Haut.)* Je suis Syrus.

HARPAX. — Syrus ?

PSEUDOLUS. — C'est mon nom.

HARPAX. — Nous bavardons là ; si ton maître est chez lui, pourquoi ne l'appelles-tu pour que je m'acquitte de ma commission, quel que soit le nom que tu portes ?

PSEUDOLUS. — S'il y était, je l'appellerais ; mais vraiment, si tu veux me donner l'argent, ton paiement sera plus sûr que si tu l'avais fait entre ses mains.

HARPAX. — Tu ne sais pas ? C'est pour rendre cet argent, et non pour le perdre que mon maître m'a envoyé. Et toi, je le sais, j'en suis certain, tu as la fièvre de ne pouvoir jeter tes griffes dessus. Moi, je ne confierai un denier à personne, sauf à Ballion lui-même.

PSEUDOLUS. — Mais il est en affaire pour le moment ; il a un procès devant le tribunal.

---

22. Littéralement : « soutenir mon honnêteté par un étai. »

HA. Di bene uortant! At ego, quando eum esse censebo domi,
Rediero. Tu epistulam hanc a me accipe atque illi dato;
Nam istic symbolust inter erum meum et tuum de muliere.

PS. Scio equidem : ut, qui argentum adferret atque expres-
                                        sam imaginem
Suam | huc ad nos, cum eo aiebat uelle mitti mulierem;   650
Nam hic quoque exemplum reliquit eius.

HA.   Omnem rem tenes.

PS. Quid ego ni teneam?

HA.   Dato istunc sumbolum ergo illi..

PS.   Licet.
Sed quid est tibi nomen?

HA.   Harpax.

PS.   Apage te, Harpax, hau places.
Huç quidem hercle haud ibis intro, ne quid ἅρπαξ feceris.

HA. Hostis uiuos rapere soleo ex acie; eo hoc nomen mihist.   655

PS. Pol te multo magis opinor uasa ahena ex aedibus.

HA. Non ita est. Sed scin quid te oro, Sure?

PS.   Sciam, si dixeris.

HA. Ego deuortor extra portam huc in tabernam tertiam
Apud anum illam doliarem, claudam, crassam Chrysidem.

PS. Quid nunc uis?

HA   Inde ut me accersas, erus tuus ubi uenerit.   660

PS. Tuo arbitratu, maxume.

HA.   Nam ut lassus ueni de uia,
Me uolo curare.

HARPAX. – Que les dieux lui donnent gain de cause ! Pour moi, quand je croirai pouvoir le trouver chez lui, je reviendrai. Tiens, prends cette lettre, et donne-la lui. Il y a dessus le signe convenu entre mon maître et le sien à propos de la femme.

PSEUDOLUS. – Oui, je sais : un messager devait nous apporter ici l'argent et son portrait gravé sur un cachet, en échange de quoi, nous a-t-il dit, nous n'aurions qu'à remettre la femme au dit messager. Il nous a laissé une empreinte pareille.

HARPAX. – Tu es au courant de tout.

PSEUDOLUS. – Comment ne le serais-je pas ?

HARPAX. – Ainsi donc, remets ce cachet à ton maître.

PSEUDOLUS. – Entendu. Mais quel est ton nom ?

HARPAX. – Harpax.

PSEUDOLUS. – Arrière, Harpax ! Je n'aime pas ce nom-là. Par Hercule, en tout cas, tu n'entreras pas chez nous ; j'aurais trop peur que tu ne harponnes quelque chose.

HARPAX. – J'ai pour habitude d'enlever les ennemis vivants du champ de bataille ; c'est de là que vient mon nom.

PSEUDOLUS. – Par Pollux ! je crois plutôt que tu enlèves des maisons la vaisselle de bronze.

HARPAX. – Pas du tout. Mais sais-tu le service que je te demande, Syrus ?

PSEUDOLUS. – Quand tu me l'auras dit, je le saurai.

HARPAX. – Je suis descendu hors de l'enceinte dans la troisième auberge, chez cette grosse vieille boiteuse, ronde comme une tonne, Chrysis.

PSEUDOLUS. – Eh bien ! qu'est-ce que tu veux ?

HARPAX. – Que tu m'y viennes chercher, quand ton maître sera de retour.

PSEUDOLUS. – Comme tu voudras, parfaitement.

HARPAX. – Je suis arrivé fatigué de la route, je veux me restaurer.

PS.   Sane sapis et consilium placet.
Sed uide sis ne in quaestione sis, quando accersam, mihi.

HA. Quin ubi prandero, dabo operam somno.

PS.   Sane censeo.

HA. Numquid uis?

PS.   Dormitum ut abeas.

HA.   Abeo.

PS.   Atque audin, Harpage? 665
Iube sis te operiri; beatus eris, si consudaueris.

———

PSEUDOLUS. – Tu as bien raison, j'approuve ton idée. Mais ne va pas me faire courir après toi, quand j'irai te chercher.

HARPAX. – Mais non ; lorsque j'aurai déjeuné, je m'occuperai de dormir.

PSEUDOLUS. – Je comprends cela.

HARPAX (*prenant congé*). – Tu n'as rien à me demander ?

PSEUDOLUS. – Sinon d'aller te coucher.

HARPAX. – J'y vais.

PSEUDOLUS. – Ha ! écoute Harpax. Recommande qu'on te couvre bien, s'il te plaît. Si tu peux suer, tu t'en trouveras bien. (*Harpax sort.*)

PSEVDOLVS
SERVOS

Di immortales, conseruauit me illic homo aduentu suo;
Suo uiatico redduxit me usque ex errore in uiam.
Namque ipsa Opportunitas non potuit mihi opportunius
Aduenire quam haec allatast mihi opportune epistula.   670
Nam haec allata cornu copia(e)st, ubi inest quidquid uolo :
Hic doli, hic fallaciae omnes, hic sunt sycophantiae,
Hic argentum |, hic amica amanti erili filio.
Atque ego nunc me ut gloriosum faciam et copi pectorel
Quo modo quicque agerem, ut lenoni surruperem mu-
                                            lierculam,   675
Iam instituta, ornata cuncta in ordine, animo ut uolueram,
Certa, deformata habebam. Sed profecto hoc sic erit :
Centum doctum hominum consilia sola haec deuincit dea,
Fortuna. Atque hoc uerum est : proinde ut quisque for-
                                            tuna utitur,
Ita praecellet atque exinde sapere eum omnes dicimus.   680
Bene ubi quoi [di]scimus consilium accidisse, hominem
                                            catum
Eum esse declaramus, stultum autem illum, quoi uortit male.
Stulti hau scimus frustra ut simus, quom quid cupienter dari
Petimus nobis, quasi quid in rem sit possimus noscere.
Certa mittimus, dum incerta petimus. Atque hoc euenit   685
In labore atque in dolore, ut mors obrepat interim.
Sed iam satis est philosophatum; nimis diu et longum
                                            loquor.

(SCÈNE III)

PSEUDOLUS, *seul*

Dieux immortels ! cet homme m'a sauvé la vie par son arrivée. Grâce au viatique qu'il apporte, il m'a tiré d'erreur et remis sur la bonne voie. L'Opportunité elle-même ne pouvait m'offrir rencontre plus opportune que cette lettre qui vient de m'être si opportunément apportée. C'est une corne d'abondance qui m'arrive, où je trouve tout ce que je veux : c'est un trésor de ruses, un trésor de fourberies, un trésor d'impostures, un trésor d'argent, un trésor au fond duquel est une maîtresse pour mon jeune maître amoureux. Comme maintenant je vais faire le fier et le cœur généreux ! Déjà toutes mes machinations pour dérober la belle au léno étaient préparées, arrangées bien en ordre dans ma tête, comme je l'avais entendu ; j'avais tous mes plans arrêtés, dessinés. Mais assurément, on peut bien le dire : que cent hommes entre les sages concertent leurs plans, la déesse Fortune à elle seule est plus forte qu'eux tous. Et ceci n'est pas moins vrai : selon qu'on a la Fortune pour soi, on est un homme supérieur, et tout le monde admire votre sagesse en conséquence. Dès que nous apprenons que quelqu'un a eu la chance pour lui, nous le proclamons habile homme ; et maître sot, celui qui a eu de la malchance. Sots que nous sommes ! Quelle erreur est la nôtre, sans nous en douter, quand nous souhaitons ardemment que quelque chose nous arrive ! Comme si nous pouvions savoir ce qui est de notre intérêt. Nous lâchons le certain pour courir après l'incertain. Et finalement qu'arrive-t-il ? Au milieu de nos labeurs et de nos douleurs, la mort vient furtivement nous surprendre. Mais c'est assez philosopher ; je bavarde trop longtemps et trop longuement.

Di immortales! aurichalco contra non carum fuit
Meum mendacium, hic modo quod subito commentus fui,
Quia lenonis me esse dixi. Nunc ego hac epistula   69C
Tris deludam, erum et lenonem et qui hanc dedit mihi
                                                epistulam.
Eugel par pari aliud autem quod cupiebam contigit :
Venit eccum Calidorus, ducit nescioquem secum simul.

———

Dieux immortels ce ne serait pas trop cher que de me payer son poids d'aurichalque[23] le mensonge qui m'est venu tout à l'heure à l'esprit, à l'improviste, quand je me suis donné pour l'esclave du léno. Avec cette lettre, je m'en vais faire trois dupes : mon maître, le léno, et celui qui me l'a donnée. Bravo ! voici que m'arrive une autre chance, égale à la première, et que je désirais : c'est Calidore ; il amène avec lui quelqu'un que je ne connais pas. *(Il se poste pour écouter hors de la vue des deux jeunes gens.)*

23. L'aurichalque, « cuivre jaune » (orthographié aussi oricalque) est un alliage précieux, dont on ignore la composition.

CALIDORVS CHARINVS PSEVDOLVS
ADVLESCENTES II   SERVOS

CA. Dulcia atque amara apud te sum elocutus omnia :
 Scis amorem, scis laborem, scis egestatem meam. 695

CH. Commemini omnia; id tu modo me quid uis facere fac
              sciam. 696ᵃ

[CA. Quom haec tibi alia sum elocutusᵗ uis scires si scisᵗ de
              symbolo.

CH. Omnia, inquam; tu modo quid me facere uis fac ut
              sciam.] 696ᵇ

CA. Pseudolus mihi ita imperauit, ut aliquem hominem
             strenuum,
 Beneuolentem adducerem ad se.

CH.   Seruas imperium probe;
 Nam et amicum et beneuolentem ducis. Sed istic Pseudolus
 Nouus mihi est.

CA.   Nimium est mortalis graphicus, εὑρετής mihi est; 700
 Is mihi haec sese ecfecturum dixit quae dixi tibi.

PS. Magnufice hominem compellabo.

CA.   Quoia uox resonat?

PS.   Io,
 Io, te te turanne, te rogo qui imperitas Pseudolo;

 Quaero quoi ter trina triplicia tribus modis tria gaudia
 Artibus tribus ter demeritas dem laetitias de tribus 705ᵃ
 Fraude partas, per malitiam, per dolum et fallaciam; 705ᵇ
 In libello hoc opsignato ad te [hoc] attuli pauxillulo.

CA. Illic homo est.

CH.   Vt paratragoedat carnufex!

(SCÈNE IV)

CALIDORE   CHARINUS   PSEUDOLUS

CALIDORE. – Plaisirs et peines, je t'ai tout raconté : tu sais ma passion, tu sais ma peine, tu sais ma détresse.

CHARINUS. – J'ai tout présent à la mémoire. Apprends-moi seulement ce que tu veux que je fasse.

CALIDORE. – Je t'ai dit entre autres choses... *(texte corrompu)*.

CHARINUS. – Je sais tout, te dis-je. Fais-moi seulement connaître ce que tu veux que je fasse.

CALIDORE. – Pseudolus m'a ordonné de lui amener un homme qui n'ait pas froid aux yeux, un ami.

CHARINUS. – Tu observes bien son ordre ; car tu amènes un ami tout dévoué. Mais ce Pseudolus dont tu parles est un inconnu pour moi.

CALIDORE. – C'est un type vraiment à peindre ; c'est mon homme de ressources : il m'a promis de faire tout ce que je t'ai dit.

PSEUDOLUS *(à part)*. – Prenons un ton grandiose pour l'interpeller.

CALIDORE. – À qui est cette voix que j'entends ?

PSEUDOLUS. – Io ! io[24] ! C'est toi, prince, que je demande, toi qui as toute puissance sur Pseudolus. C'est toi que je cherche pour t'offrir par trois fois, en trois dons, sous trois formes, de trois manières, trois joies, trois réjouissances trois fois gagnées par trois artifices, remportées frauduleusement sur trois ennemis par malice, par ruse, et par fourberie ; et je t'apporte le tout dans ce tout petit rouleau muni de ce cachet. *(Il montre le message d'Harpax.)*

CALIDORE. – Voilà l'homme.

CHARINUS. – Comme il joue au tragédien, le bourreau !

24. Sur ce passage, voir l'introduction, p. XIV.

PS.   Confer gradum
Contra pariter; porge.audacter ad salutem bracchium.

CA. Dic utrum Spemne an Salutem te salutem, Pseudole?

PS. Immo utrumque.

CA.   Vtrumque, salue : sed quid actumst?

PS.   Quid times?   710

CA. Attuli hunc.

PS.   Quid, attulisti?

CA.   'Adduxi' uolui dicere.

PS. Quis istic est?

CA.   Charinus.

PS.   Euge, iam χάριν τούτῳ ποιῶ.

⟨**CH.**⟩ Quin tu si quid opust mihi audacter imperas?

PS.   Tam gratia*st.*
Bene sit tibi, Charine, nolo tibi molestos esse nos.

CH. Vos molestos? Nil molestumst mihi quidem.

PS.   Tum igitur mane.   715

CA. Quid istuc est?

PS.   Epistulam modo hanc intercepi et sumbolum.

CA. Sumbolum? Quem sumbolum?

PS.   Qui a milite allatust modo.
Eius seruos qui hunc ferebat cum quinque argenti minis,
Tuam qui amicam hinc accersebat, ei os subleui modo.

CA. Quo modo?

PS.   Horum caussa haec agitur spectatorum fabula;   720
Hi sciunt qui hic adfuerunt; uobis post narrauero.

PSEUDOLUS (à Calidore). – Porte tes pas vers moi comme je marche vers toi ; étends sans crainte le bras pour échanger le salut.

CALIDORE. – De quel nom dois-je te saluer : mon Espoir ou mon Salut, dis, Pseudolus ?

PSEUDOLUS. – Mais l'un et l'autre.

CALIDORE. – L'un et l'autre, salut. Mais que s'est-il passé ?

PSEUDOLUS. – Que crains-tu donc ?

CALIDORE. – Voici quelqu'un que je t'apporte.

PSEUDOLUS. – Comment, que tu m'apportes ?

CALIDORE. – Que je t'amène, voulais-je dire.

PSEUDOLUS. – Qui est-ce ?

CALIDORE. – Charinus.

PSEUDOLUS. – Bravo ! dès maintenant je le remercie

CHARINUS. – Mais, si tu as besoin de moi, n'aie pas peur de me donner des ordres.

PSEUDOLUS. – Bien obligé. Ne te dérange pas, Charinus ; je ne veux pas que nous t'ennuyions.

CHARINUS. – Vous, m'ennuyer ? Il n'y a rien là qui puisse m'ennuyer.

PSEUDOLUS. – Alors, reste donc. (Il tire la lettre qu'il avait cachée dans sa tunique.)

CALIDORE. – Qu'est-ce que tu as là ?

PSEUDOLUS. – Je viens d'intercepter cette lettre, avec le signe de reconnaissance.

CALIDORE. – Le signe de reconnaissance ! quel signe de reconnaissance ?

PSEUDOLUS. – Celui que le militaire a fait porter tout à l'heure. L'esclave qui l'apportait avec cinq mines d'argent, et qui venait pour chercher ta maîtresse, je viens de le barbouiller proprement.

CALIDORE. – Comment ?

PSEUDOLUS. – C'est pour les spectateurs ici présents que se joue cette comédie ; ils savent ce qui s'est passé ; ils y étaient ; vous, je vous le raconterai plus tard.

CA. Quid nunc agimus?

PS.   Liberam hodie tuam amicam amplexabere.

CA. Egone?

PS.   Tu istic ipsus, inquam, si quidem hoc uiuet caput;
Si modo mihi hominem inuenietis propere.

CH.   Qua facie?

⟨PS.⟩   Malum,
Callidum, doctum, qui quando principium prehenderit,   725
Porro sua uirtute teneat quid se facere oporteat;
Atque qui hic non uisitatus saepe sit.

CH.   Si seruos est,
Numquid refert?

PS.   Immo multo mauolo quam liberum.

CH. Posse opinor me dare hominem tibi malum et doctum, modo
Qui a patre aduenit Carysto, necdum exit ex aedibus   730
Quoquam, neque Athenas aduenit umquam ante hester-
                                        num diem.

PS. Bene iuuas. Sed quinque inuentis opus est argenti minis
Mutuis, quas hodie reddam; nam huius mihi debet pater.

CH. Ego dabo; ne quaere aliunde.

PS.   O hominem opportunum mihi!
Etiam opust chlamyde et machaera et petaso.

CH.   Possum a me dare.   735

⟨PS.⟩ Di immortales! non Charinus mihi hicquidem, sed Copiast.
Sed iste seruos ex Carysto qui hic adest ecquid sapit?

CALIDORE. – Qu'allons-nous faire maintenant ?

PSEUDOLUS. – Toi ? Tu embrasseras aujourd'hui ta maîtresse devenue libre.

CALIDORE. – Moi ?

PSEUDOLUS. – Toi-même que voici, te dis-je, si le ciel me prête vie. Mais il faut me trouver un homme promptement...

CHARINUS. – De quelle figure ?

PSEUDOLUS. – Malin, roué, madré, qui, une fois mis sur la voie, saisisse de lui-même, et par ses propres lumières, ce qu'on attend de lui ; et de plus, qu'on n'ait pas beaucoup vu ici.

CHARINUS. – S'il est esclave, cela fait-il quelque chose ?

PSEUDOLUS. – Au contraire, j'aime beaucoup mieux cela qu'un homme libre.

CHARINUS. – Je crois pouvoir te procurer un garçon malin et madré, qui vient de m'arriver de Caryste, envoyé par mon père ; il n'a pas encore mis le pied hors de la maison, et il n'était jamais venu à Athènes avant la journée d'hier.

PSEUDOLUS. – Voilà l'aide qu'il me faut. Mais il faut que je trouve à emprunter cinq mines, que je rendrai aujourd'hui ; car son père me doit *(montrant Calidore)*.

CHARINUS. – Moi, je te les donnerai ; ne cherche pas ailleurs.

PSEUDOLUS. – Quel homme secourable, et qui vient à point ! J'ai besoin encore d'une chlamyde, avec un braquemart, et un chapeau de voyage.

CHARINUS. – J'ai cela chez moi, je pourrai te les prêter.

PSEUDOLUS. – Dieux immortels ! Ce n'est pas Charinus que je l'appellerai, mais l'Abondance. Mais l'esclave qui est venu de Caryste sent-il son fin matois ?

CH. Hircum ab alis.
PS.　　　Manuleatam tunicam habere hominem addecet.
　　Ecquid is homo habet aceti in pectore?
CH.　　　　　　　Atque acidissumum.
PS. Quid, si opus sit ut dulce promat indidem, ecquid habet?
CH.　　　　　　　　　Rogas? 740

　　Murrinam, passum, defrutum, mellam, mel quoiuismodi.
　　Quin in corde instruere quondam coepit pantopolium.
PS. Eugepae! Lepide, Charine, meo me ludo lamberas.
　　Sed quid nomen esse dicam ego isti seruo?
CH.　　　　　　　　Simiae.
PS. Scitne in re aduorsa uorsari?
CH.　　　　　　Turbo non aeque citust. 745
PS. Ecquid argutust?
CH.　　　　Malorum facinorum saepissime.
PS. Quid cum manifesto tenetur?
CH.　　　　　　Anguillast, elabitur.
PS. Ecquid is homo scitust?
CH.　　　　　Plebiscitum non est scitius.
PS. Probus homo est, ut praedicare te audio.
CH.　　　　　　　Immo si scias!
　　Vbi te aspexerit, narrabit ultro quid sese uelis. 750
　　Sed quid es acturus?
PS.　　　Dicam. Vbi hominem exornauero,
　　Subditiuom fieri ego illum militis seruom uolo;
　　Symbolum hunc ferat lenoni cum quinque argenti minis,

CHARINUS. – Il sent le bouc sous les aisselles[25].

PSEUDOLUS. – Il fera bien de porter une tunique à manches. A-t-il quelque piquant dans l'esprit ?

CHARINUS. – Et du plus piquant.

PSEUDOLUS. – Et de la douceur ? Est-il capable, au besoin, d'en tirer du même fonds ?

CHARINUS. – Tu le demandes ? Ce n'est alors que vin à la myrrhe, vin de raisins secs, vin cuit, hydromel, miel de toute espèce. Il a même essayé autrefois de tenir un bar dans son esprit.

PSEUDOLUS. – Bravissimo ! Excellent, Charinus ; tu me bats à mon propre jeu. Mais quel est le nom de cet esclave ?

CHARINUS. – Singe.

PSEUDOLUS. – Il sait se retourner quand les affaires tournent mal ?

CHARINUS. – Une toupie ne tourne pas aussi vite.

PSEUDOLUS. – Et il a la langue bien pendue ?

CHARINUS. – Pendable pour toute sorte de méfaits.

PSEUDOLUS. – Et quand il est pris sur le fait ?

CHARINUS. – C'est une anguille ; il vous glisse des mains.

PSEUDOLUS. – Ses idées sont donc bien ordonnées ?

CHARINUS. – Une ordonnance n'est pas en meilleur ordre.

PSEUDOLUS. – C'est la perfection, d'après l'éloge que tu fais de lui.

CHARINUS. – Ah ! si tu savais ! Il ne t'aura pas plus tôt vu qu'il t'expliquera d'avance tout ce que tu lui veux. Mais quel est ton dessein ?

PSEUDOLUS. – Le voici : une fois que j'aurai costumé notre homme, je veux en faire l'esclave supposé du militaire. Il portera ce cachet au léno avec les cinq mines, et

---

25. Charinus prend le verbe *sapere* dans le sens de « avoir une odeur », alors que Pseudolus l'entendait au sens de « être habile », d'où l'incongruité de la réponse.

Mulierem ab lenone abducat. Em tibi omnem fabulam;
Ceterum quo quicque pacto faciat, ipsi dixero.   755
CA. Quid nunc igitur stamus?
PS.   Hominem cum ornamentis omnibus
Exornatum adducite ad me iam ad trapezitam Aeschinum.
Sed properate.
CH.   Prius illi erimus quam tu.
PS.   Abite ergo ocius.
Quicquid incerti mihi in. animo prius aut ambiguum fuit,
Nunc liquet; nunc defaecatumst cor mihi; nunc peruiamst. 760
Omnis ordine sub signis ducam legiones meas
Aui sinistra, auspicio liquido 'atque ex sententia.
Confidentia est inimicos meos me posse perdere.
Nunc ibo ad forum atque onerabo meis praeceptis Simiam,
Quid agat, nequid titubet, docte ut hanc ferat fallaciam. 765
Iam ego hoc ipsum oppidum expugnatum faxo erit lenonium.

———

il emmènera la belle. Voilà pour toi toute la comédie.
Quant au reste, pour les détails d'exécution, je les lui
dirai à lui-même.

CALIDORE *(à Charinus)*. – Qu'attendons-nous ici
maintenant ?

PSEUDOLUS. – Équipez-moi l'homme avec tout son
équipement, et amenez-le moi vite chez le banquier
Eschine. Mais dépêchez-vous.

CHARINUS. – Nous y serons avant toi.

PSEUDOLUS. – Partez donc au plus vite. *(Ils sortent.)*
Tout ce que j'avais dans l'esprit de doute et d'incertitu-
de jusqu'à cette heure est maintenant dissipé ; j'y vois
clair à présent ; à présent le chemin m'apparaît tout
tracé. J'emmène au combat toutes mes légions rangées
en bon ordre sous leurs étendards ; les oiseaux volent à
gauche, les auspices sont clairs, et conformes à mes
vœux[26]. J'ai maintenant l'assurance de pouvoir déconfi-
re mes ennemis. Je vais au forum, et je donnerai à Singe
ma charge d'instructions sur ce qu'il doit faire, pour
qu'il ne bronche pas, et qu'il soutienne habilement notre
fourberie. Bientôt, j'en réponds, nous aurons pris d'assaut la citadelle même du léno.

26. Dans la divination étrusque et romaine, l'observateur tourne le
dos au Nord, de sorte que les oiseaux venant de l'Est, c'est-à-dire favorables, arrivent à sa gauche. C'est l'inverse en Grèce, où l'observateur
regarde le Nord et a donc l'est à sa droite. D'où la double acception
de *sinister,* « de bon augure » ou « de mauvais augure », selon qu'il
s'agit de rites romains ou grecs.

⟨ACTVS III⟩

PVER

Cui seruitutem di danunt lenoniam
Puero, atque eidem si addunt turpitudinem,
Ne illi, quantum ego nunc corde conspicio meo,
Malam rem magnam multasque aerumnas danunt. 770

Velut haec mihi euenit seruitus, ubi ego omnibus
Paruis magnisque miseriis praefulcior,
Neque ego amatorem mihi inuenire ullum queo,
Qui amet me, ut curer tandem nitidiuscule.
Nunc huic lenoni hodie est natalis dies; 775
Interminatus ⟨es⟩t a minimo ad maximum,
Siquis non hodie munus misisset sibi,
Eum cras cruciatu maximo perbitere.
Nunc nescio hercle rebus quid faciam meis,
Neque ego illud possum quod illi qui possunt solent. 780
Nunc nisi lenoni munus hodie misero,
Cras mihi potandus fructus est fullonius.
Eheu, quam illac rei ego etiam nunc sum paruolus!

(ACTE III)

(SCÈNE I)

UN JEUNE ESCLAVE, *sortant seul de chez Ballion*

Le garçon que les dieux condamnent à servir chez un léno, s'ils l'affligent par surcroît d'une laide figure, est certes, autant que je m'en aperçois maintenant, affligé de bien des maux, et de bien des tribulations. Car c'est là le genre de servitude qui m'est échu, servitude où pèsent sur moi toutes les misères, petites et grandes. Pas moyen de me trouver le moindre galant à qui je plaise, pour que je sois traité enfin tant soit peu plus proprement. C'est aujourd'hui l'anniversaire de la naissance du léno ; il nous a menacés tous, du plus petit jusqu'au plus grand, si quelqu'un manquait à lui offrir un cadeau aujourd'hui, de le faire périr demain dans les pires tortures. Je ne sais, par Hercule, comment me tirer de là. Je n'ai pas les moyens de faire ce que font d'ordinaire les gens qui ont les moyens. Et si je ne remets pas aujourd'hui mon présent au léno, demain il me faudra avaler une vendange de foulon[27]. Hélas ! je suis encore bien jeune pour en passer par là ! Mais, par Pollux ! j'ai une

---

27. Expression imagée pour désigner le mélange d'eau et d'urine fermentée que les foulons (teinturiers) utilisaient pour blanchir le linge.

Atque edepol ut nunc male *malum* metuo miser,
Si quispiam det qui manus grauior siet, 785
Quamquam illud aiunt magno gemitu fieri,
Conprimere dentes uideor posse aliquo modo.
Sed comprimenda est mihi nox atque oratio;
Erus eccum recipit se domum et ducit coquom.

si affreuse peur de la correction qui m'attend que, si quelqu'un me mettait quelque part[28] de quoi me rendre la main moins légère, quoiqu'on dise que cela fait beaucoup crier, il me semble qu'à toute force je serais capable de serrer les dents. Mais il me faut serrer pour le moment ma voix et mon discours ; voici mon maître qui rentre à la maison avec un cuisinier qu'il ramène.

28. La pièce de monnaie que le garçon gagnerait en vendant ses charmes lui alourdirait la main, mais la formulation suggère un sens obscène.

                    BALLIO   COCVS   PVER
                    LENO

BA. Forum coquinum qui uocant, stulte uocant;   790
    Nam non coquinum est, uerum furinum est forum.
    Nam ego si iuratus peiorem hominem quaererem
    Coquom, non potui quam hunc quem duco ducere,
    Multiloquom, gloriosum, insulsum, inutilem.
    Quin ob eam rem Orcus recipere ad se hunc noluit, 795
    Vt esset hic qui mortuis cenam coquat;
    Nam hic solus illis coquere quod placeat potest.
CO. Si me arbitrabare isto pacto ut praedicas,
    Quor conducebas?
BA.   Inopia : alius non erat.
    Sed cur sedebas in foro, si eras coquos,   800
    Tu solus praeter alios?
CO.   Ego dicam tibi :
    Hominum auaritia ego sum factus improbior coquos,
    Non meopte ingenio.
BA.   Qua istuc ratione?
CO.   Eloquar.
    Quia enim, cum extemplo ueniunt conductum coquom,
    Ne⟨mo⟩ illum quaerit qui optimus et carissimust : 805
    Illum conducunt potius qui uilissimust.
    Hoc ego fui hodie solus obsessor fori.
    Illi drachumissent miseri : me nemo potest
    Minoris quisquam nummo ut surgam subigere.
    Non ego item cenam condio ut alii coci,   810

(SCÈNE II)

BALLION   LE CUISINIER *avec sa suite d'apprentis,*
L'ESCLAVE

BALLION. – Quand on dit la foire aux cuisiniers, on dit une sottise ; ce n'est pas la foire aux cuisiniers, c'est la foire aux voleurs. Si je m'étais engagé par serment à chercher un mauvais garnement de cuisinier, je n'aurais pu ramener un pire drôle que celui que j'amène : bavard, vantard, insipide, incapable. Pour tout dire, si Orcus[29] n'a pas voulu le recevoir dans son royaume, c'est seulement pour avoir sur terre quelqu'un qui fît la cuisine aux morts ; *(montrant le cuisinier)* il n'y a que lui pour leur faire de la cuisine à leur goût.

LE CUISINIER. – Si tu pensais que je ne vaux pas mieux que ce que tu dis, pourquoi m'as-tu engagé ?

BALLION. – Faute de choix ; il n'y en avait pas d'autre. Mais pourquoi restais-tu tout seul sur le marché, si vraiment tu es si bon cuisinier ?

LE CUISINIER. – Je vais te le dire : c'est l'avarice des gens qui m'a fait négliger ; ce n'est pas le manque de talent.

BALLION. – Comment cela ?

LE CUISINIER. – Tu vas le savoir. Quand ils viennent engager un cuisinier, aucun d'eux ne demande le meilleur et le plus cher ; ils préfèrent prendre celui qui coûte le moins. Voilà pourquoi j'étais aujourd'hui assis tout seul sur le marché. Que ces pauvres diables se donnent pour une drachme ; moi, à moins d'un écu, personne ne peut me faire lever de mon banc. C'est que moi je ne vous assaisonne pas un souper comme les autres

---

29. Orcus est le dieu des morts correspondant à Hadès. Lors des funérailles et pour certaines fêtes vouées aux morts, on leur offrait de la nourriture, qu'on déposait sur les tombeaux.

Qui mihi condita prata in patinis proferunt,
Boues qui conuiuas faciunt, herbasque oggerunt,
Eas herbas herbis aliis porro condiunt :
Indunt coriandrum, feniculum, alium, atrum holus,
Apponunt rumicem, brassicam, betam, blitum,   815
Eo lasserpici libram pondo diluunt :
Teritur sinapis scelera, quae illis qui terunt
Prius quam triuerunt oculi ut extillent facit.
Ei homines cenas ubi coquont, cum condiunt,
Non condimentis condiunt, sed strigibus,   820
Viuis conuiuis intestina quae exedint.
Hoc hic quidem homines tam breuem uitam colunt,
Quom hasce herbas huius modi in suum aluum congerunt
Formidulosas dictu, non essu modo.
Quas herbas pecudes non edunt, homines edunt.   825

BA. Quid tu? Diuinis condimentis utere,
Qui prorogare uitam possis hominibus,
Qui ea culpes condimenta?
CO.   Audacter dicito :
Nam uel ducenos annos poterunt uiuere
Meas qui essitabunt escas quas condiuero.   830
Nam ego cicilendrum quando in patinas indidi
Aut cepolendrum aut maccidem aut secaptidem,
Eaepse sese [patinae] feruefaciunt ilico.
Haec ad Neptuni pecudes condimenta sunt;
Terrestris pecudes cicimandro condio,   835
[Aut] Hapalopside aut cataractria.

30. Ces trois dernières plantes passaient pour nuisibles à la santé.

31. Le suc de la plante, produite en Cyrénaïque, que les Grecs nommaient *silphion*, passait pour avoir des propriétés merveilleuses tant pour la santé du bétail que pour celle des hommes. Aussi était-elle l'objet d'un grand commerce. On en fit un tel abus qu'au début de l'empire l'espèce avait à peu près disparu.

cuisiniers, qui vous servent tout un pré en assaisonne-
ment dans leurs plats ; qui prennent les convives pour
des bœufs, et leur présentent des herbes, herbes qu'ils
accommodent elles-mêmes avec d'autres herbes. Ils y
mettent de la coriandre, du fenouil, de l'ail, du persil ; ils
y ajoutent de l'oseille, du chou, de la poirée, des
blettes[30] ; ils y délayent une livre tout entière de sue de
silphium[31] ; on pile de la moutarde, affreuse drogue qui
ne se laisse pas piler sans faire pleurer les yeux des
pileurs. Quand ces gens-là font cuire un souper, dès
qu'ils se mettent à l'assaisonner, ce n'est pas avec des
assaisonnements qu'ils l'assaisonnent, mais avec des
striges[32], capables de vous dévorer les entrailles des
convives tout vivants. Et puis qu'on s'étonne ici que la
vie soit si courte, quand les gens se collent dans le ventre
des herbes de cette nature, qui font frémir seulement de
les nommer ; jugez quand on les mange ! Des herbes que
les bêtes ne mangent pas, on les fait manger aux gens.

BALLION. — Et toi ? Tu emploies des assaisonnements
divins, qui ont la vertu de prolonger la vie, pour blâmer
ainsi tous ces assaisonnements ?

LE CUISINIER. — Tu peux le dire hardiment. Je garantis jusqu'à deux cents ans à qui mangera régulièrement
des plats que j'aurai assaisonnés. Quand j'ai jeté dans
mes casseroles du cicilendre, ou du cépolendre, ou de la
maccis, ou de la sécaptis[33], elles se mettent d'elles-
mêmes à bouillir aussitôt. Voilà pour assaisonner les animaux de Neptune. Quant aux animaux terrestres, je les
assaisonne avec du cicimandre, de l'hapalopsis ou de la
cataractrie.

---

32. Les striges étaient des sortes de vampires ou de harpyes qui
pendant la nuit dévoraient les cadavres et pouvaient même s'attaquer
à des vivants, en particulier aux enfants.

33. Tous ces noms, peut-être fantaisistes et sur lesquels les manuscrits divergent, ne renvoient pas à des condiments connus.

BA.   At te Iuppiter
    Dique omnes perdant cum condimentis tuis
    Cumque tuis istis omnibus mendaciis.

CO. Sine sis loqui me.

BA.   Loquere atque i in malam crucem.

CO. Vbi omnes patinae feruont, omnis aperio;   840
    Is odos dimissis pedibus in caelum uolat.

BA. Odos dimissis pedibus?

CO.   Peccaui insciens.

BA. Quidum?

CO.   'Dimissis manibus' uolui dicere;
    Eum odorem cenat Iuppiter cottidie.

BA. Si nusquam coctum is, quidnam cenat Iuppiter?   845

CO. It incenatus cubitum.

BA.   I in malam crucem.
    Istacine causa tibi hodie nummum dabo?

CO. Fateor equidem esse me coquom carissumum;
    Verum pro pretio facio ut opera appareat
    Mea quo conductus uenio.

BA.   Ad furandum quidem.   850

CO. An tu inuenire postulas quemquam coquom
    Nisi miluinis aut aquilinis ungulis?

⟨**BA.**⟩ An tu coquinatum te ire quoquam postulas,
    Quin ibi constrictis ungulis cenam coquas?
    Nunc adeo tu, qui meus es, iam edico tibi,   855
    Vt nostra properes amoliri • • omnia :

BALLION. – Que Jupiter et tous les dieux te confondent avec tes assaisonnements et tous tes mensonges !

LE CUISINIER. – Laisse-moi parler, voyons.

BALLION. – Parle, et va te faire pendre au diable.

LE CUISINIER. – Quand toutes mes casseroles bouillent, je les ouvre toutes ; l'odeur qui en sort s'envole au ciel en balançant les jambes.

BALLION. – L'odeur, en balançant les jambes ?

LE CUISINIER. – La langue m'a fourché, sans faire attention.

BALLION. – Comment cela ?

LE CUISINIER. – C'est en balançant les bras que je voulais dire. C'est de cette odeur-là que Jupiter soupe tous les jours.

BALLION. – Et si tu ne vas cuisiner nulle part, de quoi soupe Jupiter ?

LE CUISINIER. – Il va se coucher sans souper.

BALLION. – Va te faire pendre au diable ! Crois-tu que c'est pour de pareils contes que je te donnerai aujourd'hui un écu ?

LE CUISINIER. – Je l'avoue, je suis un cuisinier très cher ; mais on en a pour son argent dans les maisons où je vais travailler.

BALLION. – Oui, pour voler.

LE CUISINIER. – Est-ce que tu prétends trouver un cuisinier qui n'ait pas les griffes d'un milan ou d'un aigle ?

BALLION. – Est-ce que tu prétends aller cuisiner quelque part sans qu'on te tienne les griffes serrées pendant que tu fais ta cuisine ? *(À un esclave.)* Justement, toi, qui es des miens, je t'ordonne dès maintenant, de te dépêcher de mettre en sûreté tout ce qu'il y a chez nous,

Tum ut huius oculos in oculis habeas tuis.
Quoquo hic spectabit, eo tu spectato simul.
Siquo hic gradietur, pariter progredimino.
Manum si protollet, pariter proferto manum.   860
Suum siquid sumet, id tu sinito sumere;
Si nostrum sumet, tu tencto altrinsecus.
Si iste ibit, ito; stabit, astato simul.
Si conquiniscet istic, conquiniscito.
Item his discipulis priuos custodes dabo.   865

CO. Habe modo bonum animum.

BA.   Quaeso, qui possum, doce,

Bonum animum habere, qui te ad me adducam domum?

CO. Quia sorbitione faciam ego hodie te mea
Item ut Medea Peliam concoxit senem,
Quem medicamento et suis uenenis dicitur   870
Fecisse rursus ex sene adulescentulum :
Item ego te faciam.

BA.   Eho, an etiam es ueneficus?

CO. Immo edepol uero | hominum seruator.

BA.   Ehem,   873. 874

Quanti istuc unum me coquinare perdoces?   875

CO. Quid?

BA.   Vt te seruem, nequid surripias mihi.

CO. Si credis, nummo; si non, ne mina quidem.
Sed utrum tu amicis hodie an inimicis tuis
Daturu's cenam?

BA.   Pol ego amicis scilicet.

⟨CO.⟩ Quin tuos inimicos potius quam amicos uocas?   880
Nam ego ita conuiuis cenam conditam dabo
Hodie, atque ita suaui suauitate condiam
Vt quisque quicque conditum gustauerit,
Ipsus sibi faciam ut digitos praerodat suos.

et d'avoir toujours ses yeux dans tes yeux. Partout où il regardera, tu regarderas en même temps. S'il va quelque part, tu iras de même. S'il avance la main, tu avanceras la main de même. S'il prend quelque chose qui soit à lui, tu le laisseras prendre ; s'il prend quelque chose qui soit à nous, tu le tiendras par l'autre bout. S'il marche, marche ; s'il ne bouge pas, ne bouge pas non plus. S'il se baisse, tu te baisseras. J'attacherai de même à chacun de ses apprentis un surveillant particulier.

Le cuisinier. – Aie bon espoir, va.

Ballion. – Apprends-moi, je te prie comment je pourrais en avoir, en t'introduisant chez moi ?

Le cuisinier. – Comment ? Avec ce que tu absorberas de ma cuisine, je ferai de toi ce que Médée fit jadis du vieux Pélias, qu'elle mit en fricassée, dit-on, et par ses drogues et poisons, de vieux qu'il était le rendit jouvenceau tout derechef. J'en ferai de même avec toi.

Ballion. – Oh ! oh ! Serais-tu empoisonneur aussi ?

Le cuisinier. – Au contraire, par Pollux ! mais sauveur de vies humaines. *(Il va pour entrer chez Ballion.)*

Ballion *(l'arrêtant)*. – Holà ! Combien me demandes-tu pour m'apprendre une seule de tes recettes ?

Le cuisinier. – Laquelle ?

Ballion. – La recette pour te surveiller, de façon que tu ne me voles rien.

Le cuisinier. – Si tu as confiance, un écu ; sinon, tu n'en es pas quitte pour une mine. Mais sont-ce tes amis ou tes ennemis que tu veux traiter aujourd'hui ?

Ballion. – Parbleu, mes amis, apparemment.

Le cuisinier. – Pourquoi n'invites-tu pas tes ennemis plutôt que tes amis ? Je vais aujourd'hui servir à tes convives un souper si bien assaisonné, je l'accommoderai de si délicieuse manière qu'on ne pourra pas goûter un seul de mes assaisonnements sans se ronger les doigts, j'en réponds.

BA. Quaeso hercle, prius quam cuiquam conuiuae dabis, 885
    Gustato tute prius et discipulis dato,
    Vt praerodatis uostras furtificas manus.
CO. Fortasse haec tu nunc mihi non credis quae loquor.
BA. Molestus ne sis; nimium iam tinnis; tace.
    Em illic ego habito |; intro abi et cenam coque, 89.
    Propera.
CO.   Quin tu is accubitum et conuiuas cedo;
    Conrumpitur iam cena.
BA.   Em, subolem sis uide!
    Iam hic quoque scelestus est coqui sublingulo.
    Profecto quid nunc primum caueam nescio,
    Ita in aedibus sunt fures, praedo in proximo est. 89!
    Nam mihi hic uicinus apud forum paulo prius
    Pater Calidori | opere edixit maxumo,
    Vt mihi cauerem a Pseudolo seruo suo,
    Ne fidem ei haberem; nam eum circum ire in hunc diem,
    Vt me, si posset, muliere interuorteret. 900
    Eum promisisse firmiter dixit sibi,
    Sese abducturum a me dolis Phoenicium.
    Nunc ibo intro atque edicam familiaribus,
    Profecto nequis quicquam credat Pseudolo.

BALLION. — Je t'en prie, par Hercule, avant d'en servir à aucun convive, goûte toi-même d'abord tes sauces, et donnes-en à tes apprentis pour que vous vous rongiez vos voleuses de mains.

LE CUISINIER. — Peut-être que tu ne crois pas ce que je te dis ?

BALLION. — Ne m'assomme pas ; tu n'as que trop jacassé ; tais-toi. *(Montrant sa maison)* Tiens, c'est là que j'habite ; entre, et fais cuire ton souper, dépêche-toi.

LE CUISINIER. — Tu n'as qu'à te mettre à table, et à montrer tes convives. Le souper se gâte déjà. *(Il entre avec sa suite chez Ballion.)*

BALLION *(montrant un des apprentis).* — Tenez ! voyez-moi cette engeance, s'il vous plaît. Cet apprenti lèche-plat est déjà un franc coquin aussi. En vérité je ne sais où je dois avoir l'œil d'abord avec tous ces voleurs dans ma maison, *(montrant la maison de Simon)* et le pirate qui croise tout près. Mon voisin, le père de Calidore, que j'ai rencontré tout à l'heure au forum, m'a recommandé très instamment de me mettre en garde contre son esclave Pseudolus, et de me méfier de lui ; car il rôdera toute la journée pour me souffler, si possible, Phénicie. Simon m'a dit que Pseudolus s'était engagé fermement à trouver une combinaison pour l'enlever de chez moi. Je rentre, j'ordonnerai à mes gens de ne pas écouter Pseudolus, quoi qu'il dise.

⟨ACTVS IIII⟩

PSEVDOLVS SIMIA
SERVOS SYCOPHANTA

PS. Si umquam quemquam di immortales uoluere esse
auxilio adiutum, 905
Tum me et Calidorum seruatum uolunt esse et lenonem
extinctum,
Quom te adiutorem genuerunt mihi tam doctum homi-
nem atque astutum.
Sed ubi illic est? Sumne ego homo insipiens, qui haec
mecum egomet loquar solus?
Dedit uerba mihi hercle, ut opinor. 909ᵃ
Malus cum malo stulte caui. 909ᵇ
Tum pol ego interii, homo si ille abiit; neque hoc opus
quod uolui hodie efficiam. 910
Sed eccum uideo uerberam statuam; ut it, ut magnifice
infert sese! 911
Ehem, te hercle ego circumspectabam; nimis metuebam
male ne abisses.
SI. Fuit meum officium ut facerem, fateor.
PS. Vbi restiteras?
SI. Vbi mihi libitum est.
PS. Istud ego satis scio.
SI. Quor ergo quod scis me rogas?
PS. At hoc uolo, monere te.
SI. Monendus ne me moneas. 915
PS. Nimis tandem ego aps te contemnor.
⟨SI.⟩ Quippe ego te ni contemnam,
Stratioticus homo qui cluear?
PS. Iam hoc uolo quod occeptumst agi.

(ACTE IV)

(SCÈNE I)

PSEUDOLUS, *puis* SINGE, *en valet de militaire*

PSEUDOLUS *(parlant, sans s'apercevoir que Singe ne le suit pas).* – Si jamais les dieux immortels ont voulu porter aide et secours à quelqu'un au monde, c'est bien à moi et à Calidore. Certes ils veulent nous sauver et perdre le léno, puisqu'ils ont créé pour moi tout exprès un auxiliaire aussi habile et aussi madré que toi. *(Regardant derrière lui.)* Mais où est-il ? Suis-je bête de bavarder ainsi tout seul ! Il m'en a joué un air, parbleu, à ce que je vois. Traitant de malin à malin, j'ai mal pris mes précautions. Je suis perdu, par Pollux ! s'il a levé le pied ; je n'en viendrai pas à mes fins. *(Singe arrive.)* Mais le voici, je le vois, cette statue faite pour être rossée. Quelle démarche, quel port avantageux ! Ah ça ! je te cherchais partout des yeux, par Hercule ! J'avais grand' peur que tu n'eusses déserté.

SINGE. – J'aurais fait mon métier, je l'avoue.

PSEUDOLUS. – Où t'es-tu arrêté ?

SINGE. – Où il m'a plu.

PSEUDOLUS. – Ça, je le sais bien.

SINGE. – Si tu le sais, alors pourquoi me le demander ?

PSEUDOLUS. – Mais je veux te donner un avertissement.

SINGE. – Tu as plus besoin d'en recevoir que de m'en donner.

PSEUDOLUS. – Tu fais bien l'insolent, à la fin.

SINGE. – Mais si je ne faisais pas l'insolent, comment passerais-je pour un homme de guerre ?

PSEUDOLUS. – Je veux désormais qu'on s'occupe de mettre notre plan à exécution.

SI.   Numquid agere aliud me uides?

PS. Ambula ergo cito.

SI.   Immo otiose uolo.   920

PS. Haec ea occasio est; dum ille dormit, uolo
  Tu prior ut occupes adire.

SI. Quid properas? placide; ne time.   923ᵃ
  Ita ille faxit Iuppiter,   923ᵇ
  Vt ille palam ibidem ad⟨s⟩iet,   924ᵃ
  Quisquis illest qui adest a milite. 924ᵇ

Numquam edepol erit ille potior Harpax quam ego.
        Habe animum bonum; 925

  Pulchre ego hanc explicatam tibi rem dabo.
  Sic ego illum dolis atque mendaciis
  In timorem dabo militarem aduenam,
  Ipsus sese ut neget esse eum qui siet
  Meque ut esse autumet qui ipsus est.

PS.   Qui potest? 930

SI. Occidis me, cum istuc rogitas.

PS.   O hominem lepidum!

⟨SI.⟩ Te quoque etiam, dolis atque mendaciis,
  Qui magister mihi es, antidibo, ut scias.

PS. Iuppiter te mihi seruet!

SI.   Immo mihi.
  Sed uide, ornatus hic me satin condecet? 935

PS. Optume habet.

SI.   Esto.

PS. Tantum tibi boni di immortales duint, quantum tu tibi
            ⟨ex⟩optes;
  Nam si exoptem quantum dignu's, tantum dent, minus
              nilo sit;
  Neque ero hoc homine quemquam uidi magis malum et
             maleficum.

SINGE.– Est-ce que tu me vois occupé à autre chose ?

PSEUDOLUS. – Alors, presse le pas.

SINGE. – Mais non, je veux aller à mon aise.

PSEUDOLUS. – L'occasion est belle ; pendant que l'autre dort, je veux que tu le devances et que tu te présentes le premier.

SINGE. – Pourquoi te presser ? Du calme ; n'aie pas peur. Fasse le grand Jupiter qu'il se montre ici en même temps, quel qu'il soit, ce messager du militaire. Jamais, par Pollux, il ne sera Harpax plus que moi. Courage ! Je t'arrangerai cette affaire à souhait. Par mes ruses et par mes mensonges, je jetterai dans une telle peur ce soudard étranger qu'il conviendra lui-même qu'il n'est pas ce qu'il est, et qu'il proclamera que c'est moi qui le suis à sa place.

PSEUDOLUS. – Comment est-ce possible ?

SINGE. – Tu me fais mourir avec tes questions.

PSEUDOLUS. – Oh, le gentil compagnon !

SINGE. – Il n'est pas jusqu'à toi, mon maître en la matière, que je ne me charge de surpasser en ruses et en mensonges, sache-le.

PSEUDOLUS. – Que Jupiter te conserve pour mon bien !

SINGE. – Pour le mien, dis plutôt. Mais vois, ce costume me va-t-il assez bien ?

PSEUDOLUS. – Parfaitement.

SINGE. – À la bonne heure.

PSEUDOLUS. – Que les dieux immortels t'accordent autant de bonheur que tu peux t'en souhaiter toi-même ; car si je t'en souhaitais autant que tu en mérites, ce serait moins que rien. Jamais je n'ai vu de plus mauvais drôle, ni de plus malfaisant.

SI.   Tun id mihi?
PS.   Taceo. 939ᵃ

      Sed ego quae tibi *b*ona dabo et faciam, si hanc sobrie
                        rem accurassis. 939ᵇ

SI.   Potin ut taceas? Memorem immemorem facit qui monet
                       quod memor meminit. 940
      Teneo omnia; in pectore condita sunt; meditati sunt
                         mihi doli docte.

PS.   Probus est hic homo.
SI.   Neque hic est neque ego.
PS.   At uide ne titubes.
SI.   Potin ut taceas?
PS.   Ita me di ament ...
SI.   Ita non facient; mera iam mendacia fundes.
PS.   Vt ego ob tuam, Simia, perfidiam te amo et metuo et
                       magni facio ...
SI.   Ego istuc aliis dare condidici; mihi optrudere non potes
                       palpum. 945
PS.   Vt ego accipiam te hodie lepide, ubi effeceris hoc opus ...
SI.   Ha ha hae!
PS.   Lepido uictu, uino, unguentis et inter pocula pulpamentis.
      Ibidem una aderit mulier lepida, tibi sauia super ⟨sa⟩uia
                       quae det.

Singe. — C'est toi qui me loues ainsi ?

Pseudolus. — Je me tais. Mais quelle récompense je te décernerai, si tu mènes à bien l'entreprise !

Singe. — Veux-tu bien te taire ? Les mieux appris désapprennent quand on veut leur apprendre ce qu'ils ont appris et n'ont plus besoin d'apprendre. Je possède toute l'affaire ; elle est rangée dans ma tête ; j'ai mis au point savamment mes fourberies.

Pseudolus. — Le brave garçon !

Singe. — Pas plus que toi.

Pseudolus. — Mais prends garde de broncher.

Singe. — Veux-tu te taire ?

Pseudolus. — Par les dieux qui me soient propices…

Singe. — Ils n'en feront rien ; car tu vas débiter de purs mensonges.

Pseudolus. — Je te jure, Singe, que je t'aime, que je te redoute, que je t'estime fort pour cette perfidie…

Singe. — Je suis expert moi-même à donner aux autres de cette marchandise-là. Tu ne saurais me faire avaler tes cajoleries.

Pseudolus. — Et que je te régalerai joliment aujour-d'hui, quand tu auras consommé notre œuvre…

Singe – Ah ! ah ! ah !

Pseudolus. — Bonne chère, bon vin, parfums, bons fricots entre les rasades. Il y aura aussi une jolie femme pour te prodiguer baisers sur baisers.

SI. Lepide accipis me.
PS.   Immo si effici⟨e⟩s, tum faxo magis ⟨id⟩ dicas.
SI. Nisi effecero, cruciabiliter carnifex me accipito,   950
    Sed propera mihi monstrare ubist lenonis ostium.
PS. Tertium hoc est.
SI.   St, tace; aedes hiscunt.
PS.   Credo, animo malest
    Aedibus.
SI.   Quid iam?
PS.   Quia edepol ipsum lenonem euomunt.
SI. 'Illicinest?
PS.   Illic est.
SI.   Malast merx.
PS.   Illuc sis uide,†
    Vt transuersus, non prouersus cedit, quasi cancer solet.   955

Singe. – Me voilà joliment régalé.

Pseudolus. – Réussis, et tu m'en feras encore plus compliment.

Singe. – Si je ne réussis pas, que le bourreau, lui, me régale de mille tortures. Mais dépêche-toi de me montrer où est la porte du léno.

Pseudolus. – La voici, c'est la troisième.

Singe. – Chut ! tais-toi ; la maison s'ouvre.

Pseudolus. – Elle a mal au cœur, je crois.

Singe. – Pourquoi dis-tu cela ?

Pseudolus. – Parce qu'elle vomit le léno en personne, parbleu !

Singe *(apercevant Ballion)*. – C'est lui qui est là ?

Pseudolus. – Lui-même.

Singe. – Mauvaise marchandise.

Pseudolus. – Regarde un peu, s'il te plaît, comme il marche de travers, au lieu d'aller tout droit ; on dirait un crabe.

BALLIO PSEVDOLVS SIMIA
LENO SERVOS SYCOPHANTA

BA. Minus malum hunc hominem esse opinor quam esse
censebam coquom;
Nam nil etiam dum harpagauit praeter cyathum et
cantharum.

PS. Heus tu! nunc occasio est et tempus.

SI.   Tecum sentio.

PS. Ingredere in uiam dolose; ego hic in insidiis ero.

SI. Habui numerum sedulo; hoc est sextum a porta proxumum 960
Angiportum; in id angiportum me deuorti iusserat.
Quotumas aedis dixerit, id ego admodum incerto scio.

BA. Quis hic homo chlamydatus est? Aut unde est? Aut quem
quaeritat?
Peregrina facies uidetur hominis atque ignobilis.

⟨SI.⟩ Sed eccum qui ex incerto faciet mihi quod quaero certius. 965

⟨BA.⟩ Ad me adit recta. Vnde ego hominem hunc esse dicam
gentium?

SI. Heus tu, qui cum hirquina barba astas, responde quod rogo.

BA. Eho, an non prius salutas?

⟨SI.⟩   Nulla est mihi salus dataria. 968. 969

BA. Nam pol hinc tantumdem accipies.

PS.   Iam inde a principio probe. 970

(SCÈNE II)

BALLION PSEUDOLUS SINGE
(ces deux derniers un peu à l'écart)

BALLION *(sans voir les autres)*. – Il n'est peut-être pas si fripon que je pensais, ce cuisinier ; il n'a rien agrippé encore qu'un cyathe et un canthare.

PSEUDOLUS *(bas à Singe)*. – À toi ; voici l'occasion et le moment.

SINGE *(de même)*. – Je suis de ton avis.

PSEUDOLUS *(de même)*. – Embarque-toi adroitement ; moi je me tiendrai ici aux aguets.

SINGE *(haut, en s'avançant, et feignant de chercher)*. – J'ai bien retenu le chiffre ; c'est la sixième traverse en venant de la porte ; c'est bien dans cette traverse qu'il m'a ordonné de descendre. Mais quel numéro m'a-t-il dit pour la maison, ma foi je n'en sais plus rien.

BALLION *(à part)*. – Quel est cet homme en chlamyde ? D'où vient-il ? Qui cherche-t-il ? Il m'a l'air d'un étranger ; sa figure m'est inconnue.

SINGE *(feignant d'apercevoir Ballion seulement alors)*. – Mais voici quelqu'un qui va me tirer d'embarras et me renseigner.

BALLION. – Il vient droit sur moi. De quel pays peut bien être ce personnage ?

SINGE. – Hé ! toi, qui es là debout, l'homme à la barbe de bouc, réponds à ma question.

BALLION. – Dis-donc, tu ne commences pas par saluer ?

SINGE. – Je n'ai pas de salut à donner.

BALLION. – Par Pollux, de ma part tu en recevras tout autant.

PSEUDOLUS *(à part)*. – Voilà un début qui promet.

SI. Ecquem in angiporto hoc hominem tu nouisti, te rogo.

BA. Egomet me.

SI   Pauci istuc faciunt homines quod tu praedicas;
Nam in foro uix decumus quisquest qui ipsus sese nouerit.

PS. Saluos sum; iam philosophatur.

SI.   Hominem ego hic quaero malum,
Legirupam, inpurum, peiiurum atque impium.

BA.   Me quaeritat,   975
Nam illa mea sunt cognomenta; nomen si memoret modo.
Quid est ei homini nomen?

SI.   Leno Ballio.

BA.   Sciuin ego?
Ipse ego is sum, adulescens, quem tu quaeris.

SI.   Tun es Ballio?

BA. Ego enimuero is sum.

SI.   Vt uestitu's, es perfossor parietum.   979. 980

BA. Credo, in tenebris conspicatus si sis me, apstineas manum.

SI. Erus meus tibi me salutem multam uoluit dicere.
Hanc epistulam accipe a me; hanc me tibi iussit dare.

(BA.) Quis is homost qui iussit?

PS.   Perii, nunc homo in medio lutost;
Nomen nescit; haeret haec res.

BA.   Quem hanc misisse ad me autumas?   985

SI. Nosce imaginem; tute eius nomen memorato mihi,
Vt sciam te Ballionem esse ipsum.

BA.   Cedo mihi epistulam.

SI. Accipe et cognosce signum.

SINGE. – Ne connais-tu pas un certain homme dans cette traverse, dis-moi ?

BALLION. – Je me connais moi-même.

SINGE. – Il n'y a pas beaucoup de gens qui te ressemblent ; car au forum, à peine en trouverait-on un sur dix qui se connaisse lui-même.

PSEUDOLUS *(à part)*. – Je suis sauvé ; le voilà qui philosophe.

SINGE. – Celui que je cherche est un drôle, ennemi des lois, un sale être, un menteur, un impie.

BALLION *(à part)*. – C'est moi qu'il cherche ; ce sont là tous mes surnoms ; il n'a plus que mon nom à dire. *(Haut.)* Comment ton homme s'appelle-t-il ?

SINGE. – C'est le léno Ballion.

BALLION *(à part)*. – N'ai-je pas deviné ? *(Haut.)* C'est moi-même, l'ami, qui suis l'homme que tu cherches.

SINGE. – C'est toi Ballion ?

BALLION. – Moi-même, en personne.

SINGE. – À voir ta mise, tu as l'air plutôt d'un perceur de murailles.

BALLION. – Et toi, si tu me rencontrais la nuit, tu ne me mettrais pas la main dessus, j'imagine ?

SINGE. – Mon maître m'a chargé de te souhaiter bien le bonjour. Tiens, prends cette lettre ; il m'a donné ordre de te la remettre.

BALLION *(avant de prendre la lettre)*. – Qui est-ce qui t'a donné cet ordre ?

PSEUDOLUS *(à part)*. – Je suis perdu ; mon homme est embourbé ; il ne sait pas le nom ; notre affaire est en panne.

BALLION. – Qui est-ce, dis-tu, qui m'envoie cette lettre ?

SINGE. – Regarde le portrait, et dis-moi son nom toi-même, pour que je sache que c'est bien toi Ballion.

BALLION. – Donne-moi la lettre.

SINGE. – Prends, reconnais le cachet.

BA.   Oh, Polymachaeroplagides
Purus putus est ipsus; noui. Heus, Polymachaeroplagidi
Nomen est.

SI.   Scio iam me recte tibi dedisse epistulam,   990
Postquam Polymachaeroplagidae elocutus nomen es.

BA. Quid agit is?

SI.   Quod homo edepol fortis atque bellator probus.
Sed propera hanc pellegere, quaeso, epistulam — ita
                                        negotium est —
Atque accipere argentum actutum mulieremque emittere.
Nam necessest hodie Sicyoni me esse aut cras mortem
                                        exsequi; 995
Ita erus meus est imperiosus.

BA.   Noui, notis praedicas.

SI. Propera pellegere epistulam ergo.

BA.   Id ago, tacitus sis modo.
'Miles lenoni Ballioni epistulam
Conscriptam mittit Polymachaeroplagides,
Imagine obsignatam quae inter nos duo   1000
Conuenit olim.'

SI.   Sumbolust in epistula.

⟨BA.⟩ Video et cognosco signum. Sed in epistula
Nullam salutem mittere scriptam solet?

BALLION – Ah ! Polymachéroplagide[34] ! C'est lui-même tout craché ; je le reconnais. *(À Singe, qui s'est éloigné de quelques pas.)* Hé là ! c'est Polymachéroplagide son nom.

SINGE. – Je vois que je ne me suis pas trompé en te donnant cette lettre, puisque tu m'as bien dit le nom de Polymachéroplagide.

BALLION. – Comment va-t-il ?

SINGE. – Comme un brave, par Pollux, comme un vaillant guerrier. Mais dépêche-toi, je te prie, de lire tout au long cette lettre, il le faut, et de prendre ton argent tout de suite, et de me remettre la belle. Car je dois de toute nécessité être à Sicyone aujourd'hui même, ou demain c'est la mort pour moi : j'ai un maître qui ne plaisante pas.

BALLION. – Je connais, tu parles à des gens de connaissance.

SINGE. – Dépêche-toi donc de lire la lettre.

BALLION. – C'est ce que je fais ; tu n'as qu'à te taire. *(Il lit.)* « Polymachéroplagide le militaire au léno Ballion. Je t'écris cette lettre et te l'envoie cachetée de l'empreinte dont nous sommes convenus autrefois. »

SINGE. – Le cachet est sur la lettre.

BALLION. – Je vois, je reconnais l'empreinte. Mais quand il écrit une lettre, il n'a pas l'habitude de l'accompagner d'un salut ?

---

34. Ce nom pompeux signifie « Celui qui donne beaucoup de coups avec son sabre ».

SI. Ita militaris disciplinast, Ballio :
Manu salutem mittunt bene uolentibus, 1005
Eadem malam rem mittunt male uolentibus.
Sed ut occepisti, perge opera experirier
Quid epistula ista narret.

BA. Ausculta modo.
'Harpax calator meus est ad te qui uenit ...
Tun es is Harpax?

SI. Ego sum : atque ipse ἅρπαξ quidem. 1010

BA. 'Qui epistulam istam fert; ab eo argentum accipi,
Cum eo simitu mulierem mitti uolo.
Salutem scriptam dignum est dignis mittere :
Te si arbitrarem dignum, misissem tibi.'

SI. Quid nunc?

BA. Argentum des, abducas mulierem. 1015

SI. Vter remoratur?

BA. Quin sequere ergo intro.

SI. Sequor.

———

SINGE. – Telle est la manière des guerriers, Ballion. Ils donnent le salut de la main à leurs amis, et de cette même main, ils donnent la mort à leurs ennemis. Mais, comme tu as commencé, continue à te rendre compte par toi-même de ce que raconte cette lettre.

BALLION. – Écoute seulement. *(Il lit.)* « Je t'envoie Harpax mon valet... » *(À Singe.)* C'est toi Harpax ?

SINGE. – Lui-même ; et un homme qui fait honneur à son nom.

BALLION *(reprenant sa lecture).* – « Il te remettra cette lettre. Tu prendras l'argent qu'il t'apporte, et tu lui donneras la femme pour qu'il l'emmène avec lui : telle est ma volonté. On doit, quand on écrit, saluer qui en est digne ; si je t'en croyais digne, je t'enverrais mon salut. »

SINGE. – Eh bien ?

BALLION. – Donne l'argent, emmène la femme.

SINGE. – Lequel de nous deux retarde l'autre ?

BALLION. – Eh bien, suis-moi donc, entrons.

SINGE. – Je te suis. *(Ils entrent chez Ballion.)*

PSEVDOLVS
SERVOS

PS. Peiorem ego hominem magisque uersute malum
Numquam edepol quemquam uidi quam hic est Simia;
Nimisque ego illum hominem metuo et formido male,
Ne malus item erga me sit, ut erga illum fuit;   1020
Ne in re secunda nunc mihi obuertat cornua,
Si occasionem [ceperit] capsit, ʼqui sit malus.   1022. 1023
Atque edepol equidem nolo; nam illi bene uolo.
Nunc in metu sum maximo triplici modo.   1025
Primum omnium iam hunc comparem metuo meum,
Ne deserat med atque ad hostis transeat.
Metuo autem, ne erus redeat etiam dum a foro :
Ne capta praeda capti praedones fuant.
Quom haec metuo, metuo ne ille huc Harpax aduenat 1030
Prius quam hinc hic Harpax abierit cum muliere.
Perii herclel Nimium tarde egrediuntur foras.
Cor conligatis uasis expectat meum,
Si non educat mulierem secum simul,
Vt exulatum ex pectore aufugiat meo.   1035. 1036
Victor sum; uici cautos custodes meos.

———

(SCÈNE III)

PSEUDOLUS, *seul*

Jamais, par Pollux, non jamais je n'ai vu pire drôle, ni coquin plus retors que ce Singe. J'en ai moi-même une peur bleue ; j'ai une crainte terrible que ce malin n'exerce sa malice sur moi, comme il l'a fait avec l'autre, et que, voyant l'affaire en bon train, il ne tourne ses cornes contre ma personne, s'il en trouve l'occasion, malin comme il est. Et pourtant je ne le voudrais pas, par Pollux, car je lui veux du bien. Maintenant je suis dans des transes mortelles, pour trois raisons : tout premièrement j'ai peur que mon compagnon ne déserte et ne passe à l'ennemi. J'ai peur d'autre part que mon maître ne revienne trop tôt du forum, et que les pirates ne soient capturés avec leur capture. Avec cette double crainte, je crains encore que le véritable Harpax n'arrive avant que l'autre Harpax, le nôtre, ne soit parti d'ici avec la donzelle. *(Regardant la porte du léno.)* Ils me font mourir, par Hercule ! Qu'ils tardent à sortir ! Mon cœur a déjà fait son paquetage et n'attend plus, si l'autre n'emmène pas la belle avec lui, que le moment de s'enfuir de ma poitrine, et de s'exiler. *(Voyant la porte s'ouvrir.)* Victoire ! Malgré toutes leurs précautions, j'ai vaincu mes surveillants.

SIMIA   PSEVDOLVS   PHOENICIVM
SYCOPHANTA   SERVOS   MERETRIX

SI. Ne plora; nescis ut res sit, Phoenicium,
    Verum haud multo post faxo scibis accubans.
    Non ego te ad illum duco dentatum uirum   1040
    Macedoniensem, qui te nunc flentem facit;
    [†Cuiam te esse uis maxime, ad eum duco te :†]
    Calidorum haud multo post faxo amplexabere.

PS. Quid tu intus, quaeso, desedisti? Quam diu
    Mihi cor retunsumst oppugnando pectore.   1045

SI. Occasionem repperisti, uerbero,
    Vbi perconteris me insidiis hostilibus.
    Quin hinc metimur grádibus militariis?

PS. Atque edepol quamquam nequam homo es, recte mones. 1050
    Ite hac, triumphe, ad cantharum recta uia.

———

(SCÈNE IV)

SINGE   PHÉNICIE   PSEUDOLUS

SINGE *(à Phénicie, après avoir refermé la porte sur Ballion).* – Ne pleure pas : tu ne sais pas encore ce qui en est, Phénicie ; mais dans peu de temps tu le sauras, je te le promets, quand tu seras à table. Je ne te conduis pas chez cet ogre à grandes dents de Macédonien qui te met en larmes maintenant ; c'est à celui auquel tu désires le plus appartenir que je te conduis. C'est ton Calidore que tu vas embrasser dans un instant, je te le garantis.

PSEUDOLUS. – Qu'avais-tu à rester là ? que tu as été long ! Mon cœur est moulu à force d'avoir bondi contre ma poitrine.

SINGE. – Tu prends bien ton temps, maraud, pour me questionner sur un terrain ennemi, tout plein d'embûches. Vite, détalons au pas militaire.

PSEUDOLUS. – Par Pollux, pour un mauvais sujet, tu es de bon conseil. Triomphe ! En avant, par ici, droit aux coupes à vin. *(Ils sortent emmenant Phénicie.)*

BALLIO
LENO

Hahae, nunc demum mi animus in tuto loco est,
Postquam iste hinc abiit atque abduxit mulierem.
Iube nunc uenire Pseudolum, scelerum caput,
Et abducere a me mulierem fallaciis.   1055
Conceptis hercle uerbis, satis certo scio,
Ego periurare me mauellem miliens
Quam mihi illum uerba per deridiculum dare.
Nunc deridebo hercle hominem, si conuenero.
Verum in pistrino credo, ut conuenit, fore.   1060
Nunc ego Simonem mihi obuiam ueniat uelim,
Vt mea laetitia laetus promiscam siet.

———

(SCÈNE V)

BALLION, *seul.* – Ouf ! me voici enfin avec l'esprit
tranquille, depuis que l'autre est parti, et a emmené la
belle. Qu'on me fasse maintenant venir Pseudolus, ce
maître scélérat, et qu'il essaie de m'enlever la fille, avec
ses fourberies. J'aimerais mieux, par Hercule, oui, j'aimerais mieux me parjurer mille fois en termes solennels,
que d'être sa dupe, et de lui prêter à rire. C'est moi, par
Hercule, qui vais rire de lui maintenant, si je le vois.
Mais je crois, d'après ce qui est convenu, qu'il sera bientôt au moulin. Que je voudrais rencontrer Simon, pour
lui faire part de ma joie, et pour qu'il se réjouisse avec
moi !

SIMO   BALLIO
SENEX   LENO

SI. Visso quid rerum meus Vlixes egerit,
    Iamne habeat signum ex arce Ballionia.

BA. O fortunate, cedo fortunatam manum,   1065
    Simo.

SI.   Quid est?

BA.   Iam ...

SI.   Quid iam?

BA.   Nihil est quod metuas.

SI.   Quid est?
    Venitne homo ad te?

BA.   Non.

SI.   Quid est igitur boni?

BA. Minae uiginti sanae et saluae sunt tibi,
    Hodie quas aps ted est stipulatus Pseudolus.

SI. Velim quidem hercle.

BA.   Roga me uiginti minas,   1070
    Si ille hodie illa sit potitus muliere,
    Siue eam tuo gnato hodie, ut promisit, dabit.
    Roga, opsecro hercle; gestio promittere,
    Omnibus modis tibi esse rem ut saluam scias;
    Atque etiam habeto mulierem dono tibi.   1075

SI. Nullum est periclum, quod sciam, stipularier,
    Vt concepisti uerba. Viginti minas
    Dabin?

(SCÈNE VI)

SIMON *(venant du côté de la ville)* BALLION

SIMON. – Je viens voir ce qu'a fait mon Ulysse, et s'il a déjà enlevé la statue[35] de la citadelle ballionienne.

BALLION. – Ô fortuné mortel, donne-moi ta main fortunée, Simon.

SIMON. – Qu'y a-t-il ?

BALLION. – Maintenant...

SIMON. – Eh bien, maintenant ?

BALLION. – Tu n'as plus rien à craindre.

SIMON. – Qu'est-ce ? Est-il venu te trouver ?

BALLION. – Non.

SIMON. – Alors quel est ce bonheur ?

BALLION. – Tu gardes saines et sauves les vingt mines que tu as gagées aujourd'hui avec Pseudolus.

SIMON. – Je le voudrais bien.

BALLION. – Demande-moi vingt mines s'il arrive aujourd'hui à s'emparer de la belle, et s'il la donne à ton fils, comme il l'a promis. Demande-les moi, je t'en supplie, par Hercule. Je grille de m'engager, de façon que tu saches qu'il n'y a plus aucun danger pour toi ; et même je te donne la belle par-dessus le marché.

SIMON. – Étant donné les termes de ton engagement, je ne risque rien, que je sache, à proposer la convention. Tu me donneras vingt mines ?

35. Il s'agit du palladium, statue de Pallas, qui était dans son temple sur la citadelle de Troie. Ulysse parvint à la dérober. On croyait cependant qu'elle avait été retrouvée et qu'elle était dans le temple de Vesta, à Rome.

BA.   Dabuntur.

SI.   Hoc quidem actumst hau male.
Sed conuenistin hominem?

BA.   Immo ambo simul.

SI. Quid ait? Quid narrat? Quaeso, quid dixit tibi?   1080

BA. Nugas theatri; uerba quae in comoediis
Solent lenoni dici, quae pueri sciunt :
Malum et scelestum et peiurum aibat esse me.

SI. Pol hau mentitust.

BA.   Ergo haud iratus fui.
Nam quanti refert ei nec recte dicere   1085

      Qui nihil⟨i⟩ faciat quique infitias non eat?

⟨SI.⟩ Quid est quod non metuas ab eo? Id audire expeto.

BA. Quia numquam [a me] abducet mulierem iam nec potest
      ⟨A me.⟩ Meministin tibi me dudum dicere
      Eam uenisse militi Macedonio?   109

      SI. Memini.

      BA.   Em, illius seruos huc ad me argentum attulit
            Et obsignatum sumbolum ...

      SI.   Quid postea?

      ⟨BA. Qui⟩ inter me atque illum militem conuenerat.
      [BA.] Is secum abduxit mulierem hau multo prius.

      SI. Bonan fide istuc dicis?

      BA.   Vnde ea sit mihi?   109

      SI. Vide modo ne illic sit contechnatus quippiam.

BALLION. — On les donnera.

SIMON. — Voilà qui n'est pas mal joué. Mais tu as vu ton homme ?

BALLION. — Bien mieux ; je les ai vus tous les deux ensemble.

SIMON. — Eh bien ? que raconte-t-il ? Que t'a-t-il dit, voyons ?

BALLION. — Des blagues de théâtre ; de ces injures qui se lancent au léno dans les comédies, et que les enfants savent par cœur : il me traitait de coquin, de scélérat, de parjure.

SIMON. — Par Pollux. il ne mentait pas.

BALLION. — Aussi je ne me suis pas fâché ; car quelle importance ont les injures quand on les méprise, et qu'on ne songe pas à les démentir ?

SIMON. — Pourquoi es-tu sans crainte de sa part ? Je suis curieux de l'apprendre.

BALLION. — Parce qu'il ne m'enlèvera jamais la donzelle ; c'est impossible. Te souvient-il que je t'ai dit tantôt que je l'avais vendue à un militaire de Macédoine ?

SIMON. — Oui.

BALLION. — Hé bien ! son esclave vient de m'apporter ici l'argent, avec le cachet, en signe de reconnaissance...

SIMON. — Après ?

BALLION. — Comme il avait été convenu entre le militaire et moi. L'esclave vient d'emmener la belle, il n'y a qu'un moment.

SIMON. — Vraiment ? De bonne foi ?

BALLION. — Où en aurais-je ?

SIMON. — Prends garde seulement que l'autre ne t'ait joué quelque tour.

BA. Epistula atque imago me certum facit;
Quin illam quidem iam ⁺in Sicyonem ex urbe abduxit modo.

SI. Bene hercle factum! Quid ego cesso Pseudolum
    Facere ut det nomen ad Molas coloniam?   1100
    Sed quis hic homo est chlamudatus?

BA.   Non edepol scio;
    Nisi ut obscruemus quo eat aut quam rem gerat.

BALLION. – La lettre et le portrait ne me laissent pas de doute. Bien mieux, la fille est déjà hors de la ville sur la route de Sicyone avec celui qui est venu la chercher.

SIMON. – Bien joué, ma foi ! Que tardè-je à faire inscrire Pseudolus dans la colonie du Moulin ? *(Apercevant Harpax.)* Mais quel est cet homme en chlamyde ?

BALLION. – Ma foi, je n'en sais rien. Observons pourtant où il va et ce qu'il fait.

HARPAX　BALLIO　SIMO
CACVLA　LENO　SENEX

HA. Malus et nequam est homo qui nihili eri imperium sui
　　　　　　　　　　　　　　　　　　　seruos facit;
　　Nihili est autem suum qui officium facere inmemor est
　　　　　　　　　　　　　　　　　　　nisi est admonitus.
　　　　Nam qui liberos se ilico esse arbitrantur,　　　　　1105
　　　　Ex conspectu eri si sui se abdiderunt,
　　Luxantur, lustrantur, comedunt quod habent, ei nomen diu
　　　　Seruitutis ferunt :
　　　　Nec boni ingeni quicquam in is inest,
　　　　Nisi ut improbis se a tibus teneant.　　　　　　　1110
　　Cum his mihi nec locus nec sermo conuenit, neque is
　　　　　　　　　　　　　　　　　umquam nobilis fui. 1111. 1112
　　Ego, ut mihi imperatumst, etsi abest, hic adesse erum
　　　　　　　　　　　　　　　　　　　　arbitror.
　　　　Nunc ego illum metuo quom hic non adest,
　　　　Ne quom adsiet metuam; ei rei operam dabo.　　　1115
　　　　Nam in taberna usque adhuc siuerat Syrus,
　　　　Cui dedi symbolum. Mansi uti iusserat;
　　　　Leno ubi esset domi, me aibat arcessere.
　　　　Verum ubi is non uenit nec uocat,
　　Venio huc ultro ut sciam quid rei sit, ne illic homo me
　　　　　　　　　　　　　　　　　　　ludificetur; 1120
　　Nec quicquamst melius quam ut hoc pultem atque ali-
　　　　　　　　　　　　　　　quem | euocem hinc intus.
　　　　　　Leno argentum hoc
　　Volo a me accipiat atque amittat mulierem mecum simul.

(SCÈNE VII)

HARPAX   BALLION   SIMON
(ces deux derniers un peu à l'écart pour ne pas être vus de l'arrivant)

Harpax. — C'est un mauvais drôle et un vaurien qu'un esclave qui se moque des ordres de son maître ; mais c'est un vaurien aussi que celui qui oublie de faire son devoir, si on n'est pas sans cesse à le lui rappeler. Il y en a qui se figurent être libres, aussitôt qu'ils ne sont plus sous les yeux de leur maître ils font la noce, ils fréquentent les mauvais lieux, ils mangent tout ce qu'ils ont : ces gens-là portent longtemps le nom d'esclaves. Il n'y a rien à espérer d'eux ; ils ne sont bons qu'à faire le mal. Je ne veux rien avoir de commun avec eux : je ne fréquente pas les mêmes endroits, je ne leur parle jamais ; je n'ai jamais été de leurs connaissances. Quand j'ai reçu un ordre, mon maître a beau être absent, c'est comme s'il était présent pour moi ; et je le crains, à cette heure qu'il est loin, pour n'avoir pas à le craindre lorsqu'il sera là. Je vais m'occuper de ma commission. Syrus m'avait laissé jusqu'à cette heure dans l'auberge, lui à qui j'ai donné la lettre. Je l'ai attendu comme il me l'avait dit ; il devait venir me chercher, dès que le léno serait chez lui. Mais puisqu'il ne vient pas m'appeler, je viens de moi-même jusqu'ici, pour savoir ce qui en est ; je ne veux pas qu'il se moque de moi. Le mieux est de frapper à cette porte, et de faire venir quelqu'un de céans. J'entends que le léno prenne cet argent *(montrant la bourse)*, et me donne la fille pour que je l'emmène.

BA. Heus tu!
SI.   Quid uis?
BA.   Hic homo meus est.
SI.   Quidum?
BA.   Quia praeda haec meast :
   Scortum quaerit, habet argentum; iam admordere hunc
                                   mihi lubet. 1125

   SI. Iamne illum comessurus es?
   BA.   Dum recens est,
      Dum calet, dum datur, deuorari decet 'tam.
      Boni me uiri pauperant ,improbi augent.
      Populo strenui, mi inprobi | usui sunt.
   SI. Malum quod tibi di dabunt; sic scelestu's!   1130
HA.) Me nunc commoror, quom has foris non ferio, ut sciam 1131ª
                      Sitne Ballio domi   1131ᵇ
BA. Venus mi haec bona dat, quom hos huc adigit
   Lucrifugas, damni cupidos, qui se suamque aetatem
                                   bene curant.
   Edunt, bibunt, scortantur; illi sunt alio ingenio atque tu,
   Qui neque tibi bene esse patere et illis quibus est inuides. 1135
HA.) Heus, ubi estis uos?
BA.)   Hicquidem ad me recta habet rectam uiam.
⟨HA.) Heus, ubi estis uos?
BA.)   Heus, adulescens, quid istic debetur tibi?⟩
   Bene ego ab hoc praedatus ibo; noui, bona scaeuast mihi.

BALLION *(bas à Simon)*. – Dis donc.

SIMON. – Que veux-tu ?

BALLION *(de même)*. – Cet homme est à moi.

SIMON. – Comment cela ?

BALLION *(de même)*. – Parce que c'est une proie pour moi : il cherche une fille, il a de l'argent. J'ai bien envie de me le mettre sous la dent.

SIMON. – Tu songes déjà à l'avaler ?

BALLION. – C'est pendant qu'il est tout frais, tout chaud, sous la main qu'il faut l'avaler. Les honnêtes gens font ma ruine, les malhonnêtes, ma fortune. Les bons citoyens profitent au peuple ; à moi, ce sont les mauvais.

SIMON. – Que les dieux te confondent ! Tu es d'un cynisme !

HARPAX *(s'approchant de la maison)*. – Je perds mon temps, en ne frappant pas à cette porte pour savoir si Ballion est chez lui.

BALLION *(bas à Simon)*. – Ce sont autant de cadeaux que me fait Vénus, quand elle m'envoie des gens comme celui-là, ennemis de leur bien, avides de leur perte, qui ne songent qu'à se donner du bon temps pendant toute leur existence, qui mangent, qui boivent, qui courent les filles. Ils sont d'une autre trempe que toi, qui ne veux pas joūir de la vie et qui es jaloux de ceux qui en jouissent.

HARPAX *(frappant à la porte de Ballion)*. – Holà, hé ! vous autres.

BALLION *(bas à Simon)*. – Il vient tout droit chez moi, en droite ligne.

HARPAX. – Holà, hé ! vous autres.

BALLION *(haut)*. – Hé, l'ami, qu'est-ce qu'on te doit dans cette maison ? *(Bas, à Simon.)* Je ne le quitterai pas sans emporter un beau butin ; je m'y connais, les présages me sont favorables.

HA. Ecquis hoc aperit?
BA.   Heus, chlamydate, quid istic debetur tibi?
HA.) Aedium dominum lenonem Ballionem quaerito.   1140
BA. Quisquis es, adulescens, operam fac compendi quaerere.
HA. Quid iam?
BA.   Quia tute ipsus ipsum praesens praesentem uides.
HA. Tun is es?
SI.   Chlamydate, caue sis tibi a curuo infortunio,
   Atque in hunc intende digitum; hic leno est.
BA.   At hic est uir bonus.
   Sed tu, bone uir, flagitare saepe clamore in foro,   1145
   Quom libella nusquamst, nisi quid leno hic subuenit tibi.
HA. Quin tu mecum fabulare?
BA.   Fabulor; quid uis tibi?
HA. Argentum accipias.
BA.   Iamdudum, si des, porrexi manum
HA. Accipe; hic sunt quinque argenti lectae numeratae minae;
   Hoc tibi erus me iussit ferre Polymachaeroplagides,   1150
   Quod deberet, atque ut mecum mitteres Phoenicium.
BA. Erus tuos?
HA.   Ita dico.

HARPAX *(qui n'a pas entendu Ballion, et continuant de frapper).* – Y a-t-il quelqu'un pour ouvrir ?

BALLION *(s'avançant de façon à être aperçu d'Harpax).* – Hé ! l'homme à la chlamyde, qu'est-ce qu'on te doit dans cette maison ?

HARPAX. – Je cherche après le maître du logis, le léno Ballion.

BALLION. – Qui que tu sois, l'ami, ne perds plus ton temps à le chercher.

HARPAX. – Pourquoi ?

BALLION. – Parce que tu le vois ici présent, comme tu es présent toi-même.

HARPAX *(à Simon, en le montrant du doigt).* – C'est toi ?

SIMON *(en colère, le menaçant de son bâton).* – L'homme à la chlamyde, prends garde, s'il te plaît, au malheur que te réserve cette crosse. *(Montrant Ballion.)* C'est lui te faut montrer du doigt ; c'est le léno.

BALLION *(montrant Simon).* – Oui, et lui c'est un homme honnête. *(S'adressant à Simon)* Mais toi, honnête homme, tu es souvent assailli par tes créanciers au forum, et tu ne trouverais nulle part une obole, si je ne venais, moi, le léno, à ton secours.

HARPAX *(à Ballion).* – Pourquoi ne me parles-tu pas à moi ?

BALLION. – Je te parle ; que veux-tu ?

HARPAX. – Que tu prennes de l'argent.

BALLION *(tendant la main).* – Tu n'as qu'à donner ; il y a longtemps que j'ai la main tendue.

HARPAX *(lui donnant la bourse).* – Prends ; il y a là-dedans cinq bonnes mines d'argent bien comptées, somme que m'a chargé de te remettre mon maître Polymachéroplagide, pour payer sa dette, et pour que tu me remettes Phénicie.

BALLION. – Ton maître ?

HARPAX. – Comme je dis.

BA.   Miles?

HA.   Ita loquor.

BA.   Macedonius?

HA. Admodum, inquam.

BA.   Te ad me misit Polymachaeroplagides?

HA. Vera memoras.

BA.   Hoc argentum ut mihi dares?

HA.   Si tu quidem es
Leno Ballio.

BA.   Atque ut a me mulierem tu abduceres?   1155

HA. Ita.

BA.   Phoenicium esse dixit?

HA.   Recte meministi.

BA.   Mane,
Iam redeo ad te.

HA.   At maturate propera, nam propero; uides
Iam diem multum esse?

BA.   Video. Hunc aduocare etiam uolo.
Mane modo istic; iam reuertar ad te. Quid nunc fit, Simo?
Quid agimus? Manufesto tenco hunc hominem qui ar-
                          gentum attulit. 1160

SI.   Quidum?

BA.   An nescis quae sit haec res?

SI.   Iuxta cum ignarissumis.

BA. Pseudolus tuus allegauit hunc, quasi a Macedonio
Milite esset.

SI.   Haben argentum ab homine?

BA.   Rogitas quod uides?

SI. Heus, memento ergo dimidium istinc mihi de praeda dare;
Commune istuc esse oportet.

BALLION. – Le militaire ?

HARPAX. – C'est bien cela.

BALLION. – Le Macédonien ?

HARPAX. – Parfaitement, te dis-je.

BALLION. – Tu m'es envoyé par Polymachéropla-gide ?

HARPAX. – Rien de plus vrai.

BALLION. – Pour me donner cet argent ?

HARPAX. – Si toutefois tu es bien le léno Ballion.

BALLION. – Et pour emmener une femme de chez moi ?

HARPAX. – Oui.

BALLION. – Phénicie, t'a-t-il dit ?

HARPAX. – Tu as bonne mémoire.

BALLION (s'éloignant brusquement). – Attends ; je suis à toi tout de suite.

HARPAX. – Mais presse-toi vite, car je suis pressé ; tu ne vois pas que le jour s'avance ?

BALLION. – Je vois. (Montrant Simon qui est resté à l'écart pendant ce colloque.) Je veux avoir aussi l'assistance de cet homme. Reste là, je reviens à l'instant. (Il s'approche de Simon et lui parle bas.) Que faire maintenant, Simon ? Quel est notre plan d'action ? Je prends en flagrant délit cet homme qui m'apporte de l'argent.

SIMON. – Comment cela ?

BALLION. – Tu ne sais pas ce qui en est ?

SIMON. – Pas plus que le plus ignorant.

BALLION. – C'est ton Pseudolus qui m'a dépêché l'homme, comme s'il venait de la part du militaire macédonien.

SIMON. – Tu as l'argent qu'il t'apporte ?

BALLION (montrant la bourse). – Tu me demandes ce que tu vois ?

SIMON (tendant la main). – Hé bien ! n'oublie pas alors de m'en donner la moitié : le butin doit être commun entre nous.

BA.   Quid malum? id totum tuum est. 1165

HA. Quam mox mi operam das?

BA.   Tibi do equidem. Quid nunc mihi's auctor, Simo?

SI. Exploratorem hunc faciamus ludos suppositicium,
     Adeo donicum ipsus sese ludos fieri senserit.

⟨BA.⟩ Sequere. Quid ais? Nempe tu illius seruos es?

HA.   Planissume.

BA. Quanti te emit?

HA.   Suarum in pugna uirium uictoria;   1170
     Nam ego eram domi imperator summus in patria mea.

⟨BA.⟩ An etiam ille umquam expugnauit carcerem, patriam tuam?

⟨HA.⟩ Contumeliam si dices, audies.

BA.   Quotumo die
     Ex Sicyone huc peruenisti?

HA.   Altero ad meridiem.

⟨BA.⟩ Strenue mehercle iisti.

SI.   Quamuis pernix hic est homo.   1175
     Vbi suram aspicias, scias posse eum gerere crassas compedes.

BA. Quid ais? Tune etiam cubitare solitu's in cunis puer?

SI. Scilicet.

BA.   Etiamne facere solitus es ... scin quid loquar?

⟨SI.⟩ Scilicet solitum esse.

HA   Sanin estis?

BALLION. – Comment, diantre ? il est tout entier à toi.

HARPAX. – Quant t'occuperas-tu de moi ?

BALLION. – Mais je m'en occupe. *(Bas à Simon.)* Que me conseilles-tu maintenant, Simon ?

SIMON. – De nous amuser aux dépens de cet éclaireur de contrebande, jusqu'au moment où il s'apercevra lui-même qu'on se moque de lui.

BALLION *(à Harpax)*. – Suis-moi. Dis donc, tu es bien l'esclave du militaire ?

HARPAX. – Parfaitement.

BALLION. – Combien t'a-t-il payé ?

HARPAX. – Le prix d'une victoire remportée par sa valeur ; car chez moi, dans ma patrie, j'étais général en chef.

BALLION. – A-t-il jamais pris d'assaut la prison, ta patrie ?

HARPAX. – Si tu me dis des injures, tu en entendras aussi.

BALLION. – En combien de jours es-tu venu de Sicyone jusqu'ici ?

HARPAX. – En un jour et demi.

BALLION. – Diantre ! tu as marché bon train.

SIMON. – C'est un fameux jarret. Rien qu'à regarder ses mollets, on voit qu'il est de force à porter de bonnes entraves.

BALLION. – Dis-moi quand tu étais enfant, est-ce que tu avais l'habitude de coucher dans un berceau ?

SIMON *(répondant à la place d'Harpax)*. – Bien sûr.

BALLION. – Et tu avais l'habitude d'y faire... tu sais ce que je veux dire ?

SIMON. – Bien sûr, qu'il en avait l'habitude.

HARPAX. – Êtes-vous fous ?

BA.   Quid hoc quod te rogo?
Noctu in uigiliam quando ibat miles, quom tu ibas simul, 1180
Conueniebatne in uaginam tuam machœra militis?

HA. I in malam crucem.

BA.   Ire licebit tamen tibi hodie temperi.

⟨HA.⟩ Quin tu mulierem mihi emittis? Aut redde argentum.

BA.   Mane.

HA. Quid maneam?

BA.   Chlamydem hanc commemora quanti conductast?

HA.   Quid est?

SI. Quid meret machaera?

HA.   Elleborum hisce hominibus opus est.

BA.   Eho ... 1185

HA. Mitte.

BA.   Quid mercedis petasus hodie domino demeret?

⟨HA.⟩ Quid, domino? Quid somnialis? Mea quidem haec habeo
                                        omnia, 1187. 1188
     Meo peculio empta.

BA.   Nempe quod femina summa sustinent.

⟨HA.⟩ Vncti hi sunt senes; fricari sese ex antiquo uolunt.   1190

BALLION. – Réponds à une autre question. La nuit, quand le militaire allait prendre la garde, et que tu allais avec lui, est-ce que son braquemart entrait bien dans ton fourreau ?

HARPAX. – Va te faire pendre au diable !

BALLION. – De toute façon, tu pourras y aller aujourd'hui sans tarder.

HARPAX. – Remets-moi la fille, ou rends-moi l'argent.

BALLION. – Attends.

HARPAX. – Attendre quoi ?

BALLION. – Cette chlamyde-là, dis-moi, combien t'a-t-elle coûté de location ?

HARPAX. – Qu'est-ce que cela signifie ?

SIMON *(prenant en mains et soupesant l'épée qu'Harpax porte au côté)*. – Et le braquemart, que vaut-il ?

HARPAX *(à part)*. – Ces gens-là ont besoin d'ellébore.

BALLION *(lui mettant la main sur l'épaule)*. – Ah çà !...

HARPAX. – Lâche.

BALLION. – Combien ton chapeau de voyage rapporte-t-il aujourd'hui à son propriétaire ?

HARPAX. – Comment, à son propriétaire ? Qu'est-ce que vous rêvez ? Tout ce que je porte est bien à moi, acheté de ma bourse.

BALLION. – Celle que tu as en haut des cuisses, sans doute ?

HARPAX *(à lui-même)*. – Ces vieillards se sont fait huiler ; suivant l'antique coutume, ils veulent maintenant se faire frotter[36].

---

36. Allusion à la pratique de la palestre, où, avant de faire les exercices, on s'enduisait le corps d'huile qu'on enlevait ensuite en se frottant avec un strigile.

⟨BA.⟩ Responde, opsecro hercle, hoc uero serio quod te rogo :
      Quid meres? Quantillo argento te conduxit Pseudolus?
HA. Quis istic Pseudolust?
BA.   Praeceptor tuus, qui te hanc fallaciam
      Docuit, ut fallaciis hinc mulierem a me abduceres.
⟨HA.⟩ Quem tu Pseudolum, quas tu mihi praedicas fallacias? 1195
      Quem ego hominem nullius coloris noui.
BA.   Non tu istinc abis?
      Nil est hodie hic sucophantis quaestus. Proin tu Pseudolo
      Nunties abduxisse alium praedam, qui occurrit prior,
      Harpax.
HA.   Is quidem edepol Harpax ego sum.
BA.   Immo edepol esse uis.
      Purus putus hic sucophantast.
HA.   Ego tibi argentum dedi 1200
      Et dudum adueniens extemplo sumbolum seruo tuo,
      Eri | imagine obsignatam epistulam, hic ante ostium.
⟨BA.⟩ Meo tu epistulam dedisti seruo? Quoi seruo?
HA.   Suro.
⟨BA.⟩ †Non confidit : sycophanta hic nequam est nugis medi-
                         tatum malest.†
      Edepol hominem uerberonem Pseudolum, ut docte dolum 1205
      Commentust! Tantundem argenti quantum miles debuit
      Dedit, huic, atque hominem exornauit mulierem qui
                          abduceret. 1207. 1208
      Nam illam epistulam ipsus uerus Harpax huc ad me attulit.
HA. Harpax ego uocor; ego seruus sum Macedonis militis. 1210
      Ego nec sycophantiose quicquam ago nec malefice,
      Neque istum Pseudolum mortalis qui sit noui neque scio.

BALLION. – Parlons sérieusement par Hercule ; réponds, je te prie, sans mentir, à ma question : quel est ton salaire ? Quelle petite somme Pseudolus t'a-t-il allouée pour ton rôle ?

HARPAX. – Qu'est-ce que c'est que ce Pseudolus ?

BALLION. – Ton maître en fait de fourberie, celui qui t'a stylé pour venir par tes fourberies m'enlever la donzelle.

HARPAX. – Qu'est-ce que tu me chantes avec ton Pseudolus, et cette histoire de fourberies ? Je ne sais pas seulement de quelle couleur est cet homme.

BALLION. – Veux-tu t'en aller ? Il n'y a rien à gagner ici pour les imposteurs. Ainsi, tu peux aller raconter à Pseudolus que la proie est enlevée, qu'un autre Harpax a pris les devants.

HARPAX. – C'est moi, par Pollux, qui suis Harpax.

BALLION. – Ou plutôt qui prétends l'être, par Pollux ! *(À Simon.)* C'est un pur et simple imposteur.

HARPAX. – Je t'ai versé l'argent à toi-même, et tout à l'heure, en arrivant, aussitôt j'ai remis à ton esclave le signe convenu, la lettre cachetée avec le portrait de mon maître, ici même devant ta porte.

BALLION. – Tu as donné la lettre à mon esclave ? Quel esclave ?

HARPAX. – Syrus.

BALLION. – Il manque d'assurance ; c'est un mauvais imposteur ; il a mal arrangé son histoire. Par Pollux ! le pendard que ce Pseudolus ; avec quelle science il a machiné sa ruse ! Il a donné à cet autre la somme exacte que me devait le militaire, et il l'a costumé pour venir enlever la belle. Car le véritable Harpax m'a remis lui-même la lettre.

HARPAX. – C'est moi qui m'appelle Harpax ; c'est moi qui suis l'esclave du militaire de Macédoine. Il n'y a dans ma conduite rien d'un imposteur ni d'un malfaiteur ; et quant à ton Pseudolus, je ne le connais pas, je ne sais pas qui c'est.

SI. Tu, nisi mirumst, leno, plane perdidisti mulierem.

BA. Edepol ne istuc magis magisque metuo, qu̯om uerba audio.
     Mihi quoque edepol iam dudum ille Surus cor perfri-
                                                gefacit, 1215
     Sumbolum qui a hoc accepit. Mira sunt ni Pseudolust.
     Eho tu, qua facie fuit dudum quoi dedisti sumbolum?

⟨HA.⟩ Rufus quidam, uentriosus, crassis suris, subniger,
     Magno capite, acutis oculis, ore rubicundo, admodum·
     Magnis pedibus.

BA.   Perdidisti, ut nominauisti pedes.   1220
     Pseudolus fuit ipsus. Actumst de me, iam morior, Simo.

⟨HA.⟩ Hercle te hau sinam emoriri, nisi mi argentum redditur,
     Viginti minae.

SI.   Atque etiam mihi aliae uiginti minae.

BA. Auferen tu id praemium a me quod promisi per iocum?

SI. De improbis uiris auferri praemium et praedam decet. 1225

BA. Saltem Pseudolum mihi dedas.

SI.   Pseudolum ego dedam tibi?
     Quid deliqui*t*? Dixin ab eo tibi ut caueres centiens?

BA. Perdidit me.

SI.   At me uiginti modicis multauit minis.

BA. Quid nunc faciam?

HA.   Si mihi argentum dederis, te suspendito.

BA. Di te perdant! Sequere sis me ergo hac ad forum ut soluam.

Simon. — Toi, Iéno, ou je serais bien étonné, ou la fille est bel et bien perdue pour toi.

Ballion. — Par Pollux, c'est bien ce que je crains de plus en plus à mesure que je l'entends. Moi aussi, par Pollux, je me suis senti le cœur glacé, tout à l'heure, au nom de ce Syrus, qui a reçu de cet homme le signe convenu. Je serais bien étonné si ce n'était pas Pseudolus. *(À Harpax.)* Ah ça ! dis-moi, comment était fait celui à qui tu as remis la lettre tout à l'heure ?

Harpax. — C'est un rouquin, ventru, de gros mollets, noiraud, une grosse tête, l'œil vif, le teint enluminé, des pieds immenses.

Ballion. — Voilà le coup de grâce : tu m'as parlé de ses pieds. C'était bien Pseudolus. C'est fait de moi, je me meurs, Simon.

Harpax. — Par Hercule, je ne te laisserai pas mourir tout à fait avant que tu ne m'aies rendu l'argent, les vingt mines.

Simon. — Et vingt autres à moi aussi.

Ballion *(à Simon)*. — Tu me prendras cette somme que je t'ai promise pour rire ?

Simon. — Tout ce qu'on peut prendre à des coquins est bien pris, bien gagné.

Ballion. — Livre-moi Pseudolus, au moins.

Simon. — Que je te livre Pseudolus ? Quelle faute a-t-il commise ? Ne t'avais-je pas dit cent fois de te méfier de lui ?

Ballion. — Il me perd.

Simon. — Et moi, il me met à l'amende de vingt mines tout juste.

Ballion. — Que faire maintenant ?

Harpax. — Quand tu m'auras rendu l'argent, pends-toi.

Ballion. — Que les dieux t'anéantissent ! Suis-moi donc au forum, s'il te plaît, pour que je te paie.

HA.   Sequor. 1230
SI.   Quid ego?
BA.   Peregrinos absoluam; cras agam cum ciuibus.
        Pseudolus mihi centuriata habuit capitis comitia,
        Qui illum ad me hodie adlegauit, mulierem qui abduceret.
        Sequere tu. Nunc ne expectetis dum hac domum redeam
                                                        uia; 1235
        Ita res gestast, angiporta haec certum est consectarier.
⟨HA.⟩ Si graderere tantum ⟨quantum⟩ loquere, iam esses ad
                                                      forum.
⟨BA.⟩ Certumst mihi hunc emortualem facere ex natali die.

———

HARPAX. – Je te suis.

SIMON. – Et moi ?

BALLION. – Aujourd'hui je paierai les étrangers ; demain je m'occuperai de mes concitoyens. Pseudolus a obtenu ma tête des comices centuriates[37], lorsqu'il m'a dépêché aujourd'hui le fourbe pour m'enlever la donzelle. Suis-moi. *(Aux spectateurs.)* N'attendez pas maintenant que je rentre chez moi par cette rue ; après l'affaire d'aujourd'hui, je ne veux plus prendre que ces ruelles.

HARPAX. – Si tu marchais autant que tu parles, tu serais déjà au forum.

BALLION. – C'est décidé ; je vais changer mon jour de naissance en jour de ma mort. *(Il sort avec Harpax.)*

37. Ballion imagine qu'il a été condamné par les comices centuriates qui avaient la fonction d'une cour d'appel contre les châtiments graves, l'exil ou la mort. L'idée qu'un esclave soit impliqué dans cette affaire relève de la fantaisie.

SIMO
SENEX

Bene ego illum tetigi, bene autem seruos inimicum suum.
Nunc mihi certum est alio pacto Pseudolo insidias dare,
Quam in aliis comoediis fit, ubi cum stimulis aut flagris 1240
Insidiantur. At ego iam intus promam uiginti minas
Quas promisi, si effecisset : obuiam ei ultro deferam.
Nimis illic mortalis doctus, nimis uorsutus, nimis malus.
Superauit dolum Troianum atque Vlixem Pseudolus.
Nunc ibo intro; argentum promam, Pseudolo insidias
dabo. 1245

———

(SCÈNE VIII)

SIMON, *seul*

Je l'ai bien attrapé, et l'esclave a bien attrapé son ennemi. Je veux maintenant guetter Pseudolus, mais autrement qu'il n'est d'usage dans les autres comédies, où on fait le guet avec des aiguillons ou des étrivières. Je m'en vais chercher chez moi les vingt mines que je lui avais promises en cas de réussite ; et sans attendre qu'il les demande, je les lui offrirai. C'est un gaillard bien habile, bien retors, bien malin ! Il a fait mieux que la ruse qui servit à prendre Troie, et Pseudolus s'est montré plus ingénieux qu'Ulysse. Entrons maintenant chercher l'argent ; de là, je guetterai Pseudolus.

⟨ACTVS V⟩

PSEVDOLVS
SERVOS

Quid hoc? Sicine hoc fit? Pedes, statin an non?
An id uoltis ut me hinc iacentem aliquis tollat?
Nam hercle si cecidero, uestrum erit flagitium,
Pergitin pergere? Ah, saeuiendum mihi
Hodie est. Magnum hoc uitium uino est :   1250
Pedes captat primum; luctator dolosust.
        Profecto edepol ego nunc probe habeo madulsam,
Ita uictu excurato, ita magnis munditiis di⟨ui⟩s dignis
        Itaque in loco festiuo sumus festiue accepti.
Quid opus est me multas agere ambages? Hoc est homini
                        quam ob rem uitam amet; 1255. 1256
Hic omnes uoluptates, in hoc omnes uenustates sunt :
        Deis proxumum esse | arbitror.
Nam ubi amans complexust amantem, ubi labra ad
                                labella adiungit,
Vbi alter alterum bilingui manifesto inter s⟨e⟩ pre-
                                hendunt, 1260
Vbi mamma mammicula opprimitur, aut, si lubet,
                        corpora conduplicant,
Manu candida cantharum dulciferum propinare †micis-
                        simam amicitiam 1262. 1263
Neque ibi esse alium alii odio †ibi nec molestum nec
                        sermonibus morologis uti :
        Vnguenta atque odores, lemniscos, corollas   1265
        Dari dapsilis; non enim parce promi;
                Victu cetero nequis me roget.   1267

(ACTE V)

(SCÈNE I)

PSEUDOLUS, *seul ; il entre en chancelant, ses habits en désordre, une couronne de fleurs posée de travers sur sa tête.*

Qu'est-ce à dire ? Est-ce ainsi que l'on se comporte ? voyons, mes pieds, vous tiendrez-vous ou non ? Voulez-vous que je tombe par terre pour qu'on me ramasse ? Si je tombe, par Hercule, la honte en sera pour vous. Avancez-vous, oui ou non ?... Ah ! il va falloir que je me fâche aujourd'hui. C'est le grand défaut du vin : il commence par vous donner un croc-en-jambe, ce n'est pas un lutteur loyal... Vraiment, par Pollux ! je puis dire que j'ai une belle cuite... Avons-nous été bien traités : chère délicate, raffinements de toute sorte, vraiment dignes des dieux ; et cela dans une maison en fête, où l'on nous fêtait. Mais faut-il prendre tant de détours, pour dire que c'est là ce qui fait aimer la vie ? Là sont tous les plaisirs, là sont toutes les délices ; c'est à mon avis ce qui nous rapproche le plus des dieux. Car lorsqu'un amant tient dans les bras son amante, lorsqu'il unit ses lèvres à ses lèvres mignonnes, lorsqu'ils s'appréhendent au corps l'un l'autre et confondent leurs langues dans un baiser, lorsqu'une poitrine est pressée par un tendre sein, ou, si vous aimez mieux, lorsque les deux corps n'en font plus qu'un... Et puis une blanche main qui vous présente la coupe délicieuse à la santé de vos tendres amours... Pas de fâcheux, pas d'assommants, pas de propos ennuyeux ; des huiles parfumées, des odeurs, des rubans, de jolies couronnes qui vous sont offertes sans compter ; car en vérité on n'épargnait pas la dépense... Sur le reste du festin, qu'on ne m'inter-

Hoc ego modo atque erus minor 1268ᵃ
Hunc diem sumpsimus prothyme, 1268ᵇ
Postquam opus meum omne ut uolui perpetraui hosti-
bus fugatis.
Illos accubantis, potantis, amantis 1270
Cum scortis reliqui, et meum scortum ibidem,
Cordi atque animo suo opsequentes. Sed postquam
exurrexi
Orant med ut saltem. Ad hunc me modum intuli illis
satis facete,
'Nime ex disciplina, quippe ego qui probe Ionica perdidici.
'Sed palliolatim amictus sic incessi ludibundus. 1275
Plaudunt, 'parum' clamitant me ut reuertar.
Occepi denuo hoc modo; nolui 1277ᵃ
Idem; amicae dabam me meae, 1277ᵇ
Vt me amaret. Vbi circumuortor, cado. 1278ᵃ
Id fuit naenia ludo. 1278ᵇ
Itaque dum enitor, prox, iam paene inquinaui pallium.
Nimiae tum uoluptati edepol fui. 1280ᵃ
Ob casum datur cantharus; bibi, 1280ᵇ
Commuto ilico pallium, illud posiui;
Inde huc exii, crapulam dum amouerem.
Nunc ab ero ad erum meum maiorem uenio foedus
commemoratum.
Aperite, aperite! Heus, Simoni me adesse aliquis nuntiate.

roge pas. Voilà comment moi et mon jeune maître nous
avons fêté gaiement cette journée, après que j'eus achevé toute ma tâche au gré de mes vœux, et que j'eus mis
l'ennemi en déroute. Je les ai laissés à table, buvant, faisant l'amour avec leurs maîtresses, et j'ai planté là ma
maîtresse aussi, tandis qu'ils se livraient à la joie, au
plaisir. Mais quand je me suis levé, les voilà qui me
prient de danser : pour leur faire plaisir, je leur ai dansé
un pas de ce genre *(il danse)*, avec assez d'élégance, ma
foi, et selon la meilleure méthode ; car j'ai appris à fond
et je connais parfaitement la danse ionienne[38]. Et puis,
après m'être drapé dans mon petit manteau, j'ai fait
quelques pas comme ceci, tout en badinant. On applau-
dit, on me crie bis ! pour que je rentre en scène. J'ai
recommencé à peu près comme ceci ; je ne voulais pas
me répéter ; en même temps je me penchais vers ma
bonne amie pour qu'elle m'embrassât. Au milieu de mes
pirouettes, me voilà par terre. Cet accident a enterré le
spectacle... En voulant me relever, patatras j'ai bien
failli salir mon manteau. Je les ai bien amusés à ce
moment-là, par Pollux ! Pour me consoler de ma chute,
on me tend une coupe ; je l'ai bue ; j'ai changé tout aussitôt de manteau, j'ai laissé le mien ; puis, je suis sorti
jusqu'ici pour dissiper les fumées du vin. Je quitte mon
jeune maître pour venir auprès du vieux lui rappeler
notre traité. *(Il frappe à la porte de Simon.)* Ouvrez,
ouvrez. Holà ! quelqu'un ; dites à Simon que je suis ici.

---

38. La danse ionienne était une danse lascive accompagnée de la
flûte. D'Ionie elle s'était répandue en Sicile, en Grande-Grèce et à
Rome.

SIMO   PSEVDOLVS
SENEX   SERVOS

SI. Vox uiri pessumi me exciet foras.   1285
     Sed quid hoc? Quo modo? Quid uideo ego • • ?

PS. Cum corona ebrium Pseudolum tuum.

SI. Libere hercle hoc quidem. Sed uide statum :
     Num mea gratia pertimescit magis?
     Cogito saeuiter blanditerne adloquar.   1290
     Sed me hoc uotat uim facere nunc
     Quod fero, siqua in hoc spes sitast mihi.

PS. Vir malus uiro optumo obuiam it.

SI. Di te ament, Pseudole. Fu, i in malam crucem.

PS. Cur ego adflictor?

SI.   Quid tu, malum, in os igitur mihi ebrius inructas? ▸

     PS. Molliter, sis, tene me; caue ne cadam.
          Non uides me ut madide madeam?

     SI. Quae istaec audaciast, te sic interdius
          Cum corolla ebrium | ingrediri?

     PS.   Lubet.

     SI. Quid, lubet? Pergin ructare in os mihi?   ▸

     PS. Suauis ructus mihi est; sic sine, Simo.

(SCÈNE II)

SIMON   PSEUDOLUS, *puis* BALLION

SIMON. – C'est la voix d'un franc maraud qui m'appelle. *(Regardant Pseudolus.)* Mais qu'est-ce ? Comment ? Que vois-je ?

PSEUDOLUS. – Pseudolus, ton serviteur, ivre, et couronne en tête.

SIMON. – C'est prendre bien des libertés, ma parole ! Mais voyez cette attitude ! ma présence l'intimide-t-elle tant soit peu ? *(À part.)* Réfléchissons : faut-il lui parler sévèrement ou avec douceur ?... Mais ce que je tiens là *(montrant un sac d'argent)* m'interdit d'user de violence ; car je ne renonce pas tout à fait à le garder.

PSEUDOLUS *(saluant Simon).* – Le vaurien se présente à l'honnête homme.

SIMON. – Que les dieux te protègent Pseudolus ! Pouah ! va te faire pendre au diable.

PSEUDOLUS. – Pourquoi me bouscules-tu ?

SIMON. – Pourquoi, male peste ! me rotes-tu dans la figure, espèce d'ivrogne ?

PSEUDOLUS. – Vas-y doucement, s'il te plaît, tiens-moi ; prends garde que je ne tombe. Tu ne vois pas comme je suis copieusement humecté ?

SIMON *(tâchant de se détacher).* – Quelle est cette audace ? Te montrer dans cet état en plein jour, une couronne sur la tête, et ivre !

PSEUDOLUS. – C'est ma fantaisie.

SIMON. – Comment, ta fantaisie ? Tu continues à me roter dans la figure ?

PSEUDOLUS. – J'ai le rot plein de charme , laisse donc, Simon.

SI. Credo equidem potis esse te, scelus,
    Massici montis uberrumos quattuor
    Fructus ebibere in hora una.

PS.   'Hiberna' addito.

SI. Sed dic tamen — hau male mones —   1305
    Vnde onustam celocem agere te praedicem?

PS. Cum tuo filio perpotaui modo.
    Sed, Simo, ut probe tactus Ballio est!
    Quae tibi dixi ut effecta reddidi!

SI. Pessumu's homo.

PS.   Mulier haec facit;   1310
    Cum tuo filio libera accubat.

SI. Omnia ut quicque egisti ordine scio.

PS. Quid ergo dubitas dare mi argentum?

SI.   Ius petis, fateor; tene.

PS. At negabas daturum esse te mihi; tamen das.
Onera hunc hominem atque me consequere hac.

⟨SI.⟩   Egone istum onerem?

PS.   Onerabis, scio. 1315

SI. Quid ego huic homini faciam? Satin ultro et argentum
                       aufert et me inridet?

PS.   Vac uictis!

SI.   Vorte ergo umerum.

⟨PS.⟩ Em.

SI.   Hoc ego numquam ratus sum
    Fore me ut tibi fierem supplex.
    'Heu, heu!

SIMON. – En vérité je crois que tu serais capable, coquin, d'avaler en une heure quatre des plus abondantes vendanges des coteaux du Massique[39].

PSEUDOLUS. – Et dans une heure d'hiver[40], encore.

SIMON. – Mais dis-moi pourtant – ton observation n'est pas mauvaise – d'où ramènes-tu ta barque, avec un tel chargement ?

PSEUDOLUS. – Je viens de faire bombance avec ton fils. Mais, Simon, comme le léno Ballion a été bien attrapé ! Comme je t'ai tenu parole !

SIMON. – Tu es une franche canaille.

PSEUDOLUS. – C'est la belle qui en est cause ; elle est libre, et dîne à côté de ton fils.

SIMON. – Je sais tout ce que tu as fait, point par point.

PSEUDOLUS *(tendant la main)*. – Alors, que tardes-tu à me donner l'argent ?

SIMON. – Tu es dans ton droit, je l'avoue ; tiens *(il lui présente le sac)*.

PSEUDOLUS. – Tu disais pourtant que tu ne me le donnerais pas ; tu me le donnes tout de même. Charge-moi cet homme-ci *(il se désigne lui-même)*, et suis-moi de ce côté.

SIMON. – Moi, que je te charge de ma main ?

PSEUDOLUS. – Tu me chargeras, j'en suis sûr.

SIMON. – Que pourrais-je bien faire à ce drôle ? S'y est-il assez bien pris pour me voler mon argent, et pour se moquer de moi, par-dessus le marché ?

PSEUDOLUS. – Malheur aux vaincus !

SIMON. – Allons, donne ton épaule.

PSEUDOLUS. – Tiens.

SIMON *(se jetant à ses genoux)*. – Je n'aurais jamais cru que j'aurais à m'agenouiller devant toi. *(Il pleure.)* Hi, hi, hi !

---

39. Coteaux de Campanie qui produisaient des vins célèbres, dont le Falerne.

40. Comme le jour entre le lever et le coucher du soleil était divisé en 12 heures, les heures étaient plus courtes en hiver qu'en été.

PS. Desine.
SI. Doleo.
PS. Ni doleres tu, ego dolerem. 1320

(SI.) Quid? Hoc auferen, Pseudole mi, abs tuo ero?
PS. Lubentissimo corde atque animo.

(SI.) Non audes, quaesso ,aliquam partem mihi gratiam facere
hinc de argento?

PS. Non. Me dices auidum esse hominem, nam hinc numquam eris nummo diuitior :
Neque te mei tergi misereret, si non hodie ecfecissem.

SI. Erit ubi te ulciscar, si uiuo.
PS. Quid minitare? Habeo tergum. 1325

SI. Age sane.
PS. Igitur redi.
SI. Quid redeam?
PS. Redi modo; non eris deceptus.

SI. Redeo.
PS. Simul mecum ⟨i⟩ potatum.
SI. Egone eam?
PS. Fac quod te iubeo.
Si is, aut dimidium aut plus etiam faxo hinc feres.

SI. Eo; duc me quo uis. 1328. 1329

⟨PS.⟩ Quid nunc? Numquid iratus es 1330
Aut mihi aut filio propter has res, Simo? 1331

SI. Nil profecto.

PSEUDOLUS. – Finis.

SIMON. – Je souffre.

PSEUDOLUS. – Si tu ne souffrais pas, ce serait moi qui souffrirais.

SIMON. – Voyons ! tu prendras cet argent à ton maître, mon petit Pseudolus ?

PSEUDOLUS. – De très grand cœur, et du meilleur gré.

SIMON. – Tu ne veux pas, s'il te plaît, me faire grâce au moins d'une partie de cet argent ?

PSEUDOLUS. – Non, Tu me traiteras d'avare, si tu veux ; mais il ne sortira pas de là une obole pour t'enrichir : tu n'aurais pas eu pitié de mon échine, si j'avais échoué aujourd'hui.

SIMON. – Je me vengerai quelque jour, si je vis.

PSEUDOLUS. – Tu veux m'effrayer ? J'ai bon dos.

SIMON. – Eh bien ! adieu. *(Il va pour sortir.)*

PSEUDOLUS. – Reviens donc.

SIMON. – Pourquoi reviendrais-je ?

PSEUDOLUS. – Reviens toujours ; tu ne le regretteras pas.

SIMON. – Je reviens.

PSEUDOLUS *(le prenant par le bras)*. – Viens boire avec moi.

SIMON. – Moi, que j'aille... ?

PSEUDOLUS. – Fais ce que je te dis. *(Montrant la bourse.)* Si tu viens, tu auras moitié de ceci, ou même plus, foi de Pseudolus.

SIMON. – J'y vais ; conduis-moi où tu veux.

PSEUDOLUS. – Eh bien ? es-tu encore fâché contre moi ou contre ton fils pour tout ce qui s'est passé, Simon ?

SIMON. – Plus du tout.

PS.   I | hac.

SI.   Te sequor. Quin uocas   1332
  Spectatores simul?

PS.   Hercle me isti haud solent   1333
    Vocare nec ego istos. Verum sultis adplau-
    dere atque adprobare hunc gregem et fa-
    bulam, in crastinum uos uocabo.   1335

PSEUDOLUS. – Viens par ici.

SIMON. – Je te suis. Pourquoi n'invites-tu pas en même temps les spectateurs ?

PSEUDOLUS. – Ma foi ! nous n'avons pas l'habitude, eux et moi, de nous faire des invitations. *(Au public.)* Mais si vous voulez applaudir, et donner votre approbation à la troupe et à la comédie, je vous inviterai pour demain.

Dossier

La « nouvelle comédie » hellénistique

Les poètes latins ont implanté à Rome une forme de comédie qui était apparue à Athènes dans les années 320 av. J.-C. Les historiens de la littérature l'appellent la Néa, « la nouvelle comédie » pour la distinguer de « l'ancienne » représentée par Aristophane, mort environ soixante-dix ans auparavant. Cette comédie, qui a longtemps été connue seulement par des fragments et dont on devinait l'esthétique à travers les imitations des poètes latins, a bénéficié depuis le début du XXᵉ siècle de découvertes papyrologiques qui ont fait sensation. On a vu, en effet, progressivement sortir des ténèbres plusieurs comédies de Ménandre, dont on savait qu'il était le représentant le plus fécond et le plus accompli de ce genre théâtral. Grâce à ces découvertes, on peut désormais parler en connaissance de cause de la Néa, bien qu'elle ne se réduise pas à l'œuvre de Ménandre et que continuent d'être à peu près ignorés les poètes qui ont opéré le passage entre Aristophane et elle ou ceux qui, comme Diphile et Philémon, connus par les poètes latins, ont travaillé dans le même sens que Ménandre.

Ménandre a vécu entre 342/341 et 292/291 avant J.-C., c'est-à-dire à l'orée de la période dite « époque hellénistique » qui commence à la mort d'Alexandre le

Grand en 323. Les conditions politiques et sociologiques ont grandement changé depuis le temps où Aristophane amusait la démocratie athénienne. Le monde grec a été réparti entre les généraux d'Alexandre qui ont fondé de grands royaumes et Athènes n'est plus la grande cité libre d'autrefois. Elle vit sous le protectorat de la Macédoine, et bientôt elle verra d'autres centres grecs, surtout Alexandrie, lui disputer son rôle de capitale intellectuelle. L'époque qui s'amorce est marquée à la fois par une expansion considérable du monde grec, donc par un élargissement des préoccupations et des connaissances, et par un resserrement sur soi de l'individu qui perd peu à peu ses fonctions de citoyen responsable de la cité qu'il habite. Les institutions municipales qui se mettent en place dégagent de la masse de la population une classe de notables qui vont s'approprier la culture.

Ces nouvelles données interviennent dans la conception de la « nouvelle comédie ». Elle ne rompt pas totalement avec l'« ancienne comédie » dont elle conserve quelques personnages, mais elle aborde d'autres sujets et sur un autre ton. Elle ne parle plus de politique à des citoyens d'une même ville, mais de la vie privée à tous les Grecs. Elle ne prend plus ses sujets et ses personnages dans la réalité politique, mais dans la maison. Et, comme le public n'est plus l'ensemble de la population mais une fraction bourgeoise et cultivée, elle renonce aux obscénités auxquelles se complaisait Aristophane. Enfin, les poètes comiques, et Ménandre en particulier, sont beaucoup plus attentifs aux intrigues que ne l'était Aristophane, qui enchaînait les séquences en fonction de leur force comique. La Néa est une comédie d'intrigue, et, par suite, une comédie de caractères. On y sent l'influence de Théophraste et de la physiognomonie.

La auteurs de la Néa ont mis au point un code qui à la fois contraint et excite la créativité. Réduit à sa formule la plus schématique et la plus abstraite, l'argument de ces comédies est le triomphe de l'amour sur les interdits familiaux et sociaux grâce à la ruse d'un esclave, ou, pour le dire autrement, le triomphe de la ruse sur l'autorité, de la jeunesse sur la vieillesse, du désir sur la raison, de la dépense sur l'économie… Mais la ruse n'est pas le seul élément dynamique de l'intrigue. Elle a besoin de la Fortune, en grec la Tychè, qui prononce par exemple le prologue du *Bouclier* de Ménandre[1]. C'est cette déesse qui fait que la jeune fille convoitée par le jeune homme est parfois la fille d'un voisin, jadis enlevée ou exposée et que d'esclave elle soit déclarée libre.

Ces histoires romanesques viennent des écoles de rhétorique, où les élèves s'exerçaient à défendre des causes fantaisistes, selon le lieu rhétorique qui veut que qui peut le plus peut le moins. Habiles à débrouiller des affaires juridiquement complexes dans l'ordre de l'imaginaire, ils étaient réputés capables d'affronter dans la réalité une complexité qui n'égalerait jamais celle de leurs exercices. L'enseignement de la rhétorique fournira plus tard ses sujets au roman grec.

Le schéma romanesque et constant est mis en action par des rôles génériques, qui, par l'adjonction de quelques caractères variables, deviennent des personnages. On connaît par Pollux, un lexicographe du IIᵉ siècle de notre ère, la quarantaine de masques dont disposait le metteur en scène d'une comédie. Ainsi, pour le rôle du *senex*, il y avait neuf masques, qui permettaient de distinguer le vieillard indulgent ou sévère, ou tour à tour l'un et l'autre…, et onze masques pour distinguer dans le rôle de l'*adulescens* celui qui était vertueux, débauché, peureux… De même pour le *seruus*, empressé ou paresseux… L'ingéniosité des poètes ne peut donc s'exercer que dans la combinaison entre les contraintes

---

1. Le texte, établi et traduit par J.-M. Jacques, vient d'être publié dans la Collection des Universités de France, Paris, Les Belles Lettres 1998.

du code comique et les variations sur les caractères. C'est une piste étroite où le risque de la répétition et de l'ennui est grand, mais, par là même, elle stimule la recherche et galvanise la virtuosité. Chaque comédie est l'essai d'une nouvelle combinaison des éléments que comporte le code, et c'est sur ce plan expérimental que le spectateur ancien la jugeait. Il n'allait pas au théâtre pour être surpris par une intrigue inédite et des personnages inattendus, mais pour apprécier la nouveauté du montage d'éléments qu'il reconnaissait, aussi sûrement qu'il savait en voyant entrer un acteur sur scène quel rôle générique il tenait et quel caractère il avait à l'intérieur de ce rôle.

Concevant ainsi la « nouvelle comédie », les poètes grecs établissaient une connivence avec le spectateur et le prenaient à témoin de la fiction qu'ils créaient. L'univers comique ressemble par quelques aspects à la vie réelle, mais s'en distingue aussi. Par exemple, la répartition des hommes libres entre vieillards et jeunes gens ne rend pas compte de la réalité, qui donne la première place aux hommes situés entre ces deux âges. D'ailleurs les prétendus vieillards ne le sont que par leur opposition aux jeunes gens et non par l'âge. La société comique est un univers fictif qui fait rire précisément parce que sa fiction est perceptible grâce à l'effet de ressemblance.

Ménandre marque bien le caractère illusoire et littéraire de ce monde en parodiant le style d'Euripide, dont les tragédies, tournant parfois au drame bourgeois, ont une tonalité que frôlent parfois les comédies. Où est la limite entre le comique et le tragique, entre le pathétique et le dramatique ? Tout est dans les nuances de tons. On le sait aussi par le théâtre français, par Corneille qui crée à la fois le fanfaron de *L'Illusion comique* et le héros du *Cid*, ou par la « triste gaieté » de Molière.

La *palliata* latine

En 240 avant J.-C., Livius Andronicus, un esclave grec ramené de Tarente, « osa le premier », *ausus est primus*, le mot est de Tite-Live[2], présenter sur une scène romaine une pièce comportant un argument. Jusque-là, s'il faut en croire Tite-Live et Valère-Maxime, on ne représentait que des pièces improvisées, qui, de ce fait, étaient uniques. Comme le théâtre faisait partie des Jeux offerts aux dieux, tout changement dans sa conception pouvait leur déplaire. Mais l'audace de Livius Andronicus était soutenue par des commanditaires qui désiraient hâter le processus d'hellénisation du monde romain. Avec leur appui, le poète transplanta à Rome la tragédie et la comédie grecques.

Comme la loi romaine punissait toute allusion publique aux hommes politiques, le poète adapta en latin les pièces de la Néa dont certaines étaient antérieures d'à peine un demi-siècle, plutôt que le théâtre d'Aristophane trop frondeur et du reste trop engagé dans son contexte politique. Ces comédies étaient jouées en costume grec, et comme le manteau grec s'appelle en latin *pallium*, on appela *palliata fabula*, « la pièce jouée en manteau grec », une comédie importée. Rome devait un jour connaître une évolution comparable à celle qui avait transformé le monde grec. Mais, en 240, elle n'en était pas encore là. Il lui restait à connaître les terribles épreuves de la seconde guerre punique qui allait pour un temps renforcer les structures et les mentalités de la République. L'univers grec que Livius Andronicus portait devant les spectateurs romains dut leur paraître d'une grande étrangeté, encore qu'il ne faille minimiser

---

2. Tite-Live, VII, 2, 8. C'est, avec un texte de Valère-Maxime (*Faits mémorables*, II, 4, 4), un précieux document sur l'histoire du théâtre latin.

la connaissance que le public avait du monde grec. Sans elle, on ne pourrait pas expliquer comment la « nouvelle comédie » a pu si facilement s'implanter à Rome.

Pour faciliter cette implantation, les auteurs dramatiques ne se contentèrent pas de traduire les pièces grecques. C'est du moins ce qu'on peut supposer pour les comédies de Livius Andronicus et de ses successeurs Naevius et Ennius, dont l'œuvre en ce domaine est à peu près perdue. On ne peut observer le processus d'adaptation que d'après les comédies de Plaute. Il apparaît que celui-ci a opéré une synthèse entre les modèles grecs et le goût qu'avait le public romain pour la musique et la danse. La *palliata* chez Plaute allie les parties parlées, *diuerbia*, et les parties chantées, *cantica*. Les unes se distinguent des autres par la nature des vers employés. Les *diuerbia* sont écrits en sénaires iambiques, les *cantica*, soit en trochaïques septénaires, utilisés en séries suivies pour les morceaux en rythme régulier, soit en vers variés pour les grands airs réservés aux rôles principaux. La liste des vers du *Pseudolus*, donnée p. 185, permet de repérer les différents moments de la pièce.

La structure de la *palliata* de Plaute semble bien davantage organisée en séquences rythmiques qu'en actes et en scènes, comme la présentent les éditions modernes, sur le modèle des comédies de Ménandre. La musique donc est la part romaine ajoutée à la Néa. Elle vient des anciennes formes du théâtre italien, c'est-à-dire des mimes dansés des Étrusques, des farces des Osques de Campanie et des spectacles improvisés joués à Rome lors des Jeux offerts aux dieux. Toutes ces formes théâtrales pouvaient du reste avoir été touchées par les modèles grecs bien connus en Grande-Grèce et en Sicile. La musique occupe une place importante dans le théâtre de Plaute, qui lui doit peut-être son succès sur scène et, par suite, sa conservation, tout au long de l'Antiquité et jusqu'à nos jours.

Plaute

Les anciens croyaient connaître l'état civil de Plaute qu'ils appelaient Titus Maccius Plautus. Or son nom, Maccius, est proche de celui de Maccus, « la grosse mâchoire », un personnage de l'atellane, une forme de farce originaire de la Campanie, et son surnom, Plautus, « aux pieds plats », qualifie un acteur qui joue sans chaussures de scène, c'est-à-dire un acteur de farce. Le nom complet de Plaute est un résumé de la vie plus ou moins imaginaire que les Anciens lui prêtaient. Né vers 254, à Sarsina, un bourg proche de Rimini, il vint à Rome, on ne sait pas trop comment ni pourquoi. Peut-être a-t-il été enrôlé dans un contingent de Sarsinates fourni aux Romains pour lutter contre une incursion gauloise et a-t-il décidé, après sa démobilisation, de rester à Rome. C'est alors, après 224, date de la victoire sur les Gaulois, qu'il serait devenu acteur de farce, gagnant dans cette activité son nom et son surnom. Il aurait pratiqué ce métier de clown jusqu'à ce que, se trouvant sans emploi, au moment de la seconde guerre punique, il loue ses bras dans une boulangerie, où il aurait tourné la meule qui broye les grains. Après les premiers échecs de la guerre, Rome reprend la situation en main. Le théâtre a besoin d'auteurs et Plaute se serait alors consacré à la composition de comédies. Il aurait remporté assez de succès pour se constituer un confortable pécule, qu'il aurait engagé dans une entreprise commerciale et perdu, après avoir fait faillite. Il serait alors revenu au théâtre et n'aurait plus cessé d'écrire des comédies jusqu'à sa mort, en 184.

Cette biographie a été présentée au conditionnel car elle semble trop bien correspondre à une image toute faite d'un poète famélique et aventureux qui puise dans une existence longtemps précaire l'expérience de la vie et du métier d'auteur comique. Rien, dans cette vie, ne

nous dit comment cet Ombrien a appris le latin qui ne se
parlait sans doute pas à Sarsina au moment de sa naissance, ni surtout comment il a appris le grec. Un seule
chose est sûre et elle est suffisante : un auteur nommé
Plaute a composé dans les années 212-189 au moins
vingt et une comédies. C'est le nombre auquel était par-
venu Varron, auteur de la biographie du poète, qui, après
une étude philologique extrêmement sérieuse des
quelque cent trente comédies qu'on attribuait à Plaute,
avait constitué le corpus des pièces dont l'attribution lui
paraissait assurée. Ce sont ces pièces qui ont été conser-
vées, à l'exception de l'une d'elles, la *Vidularia*, dont il
ne reste que des fragments. Ces pièces sont présentées
dans les manuscrits par ordre alphabétique, de sorte
qu'un des grands soucis de la recherche universitaire est
de les dater. Seule la comédie du *Pseudolus* est datée par
une didascalie ancienne. Quelques-unes contiennent des
allusions à des événements historiques qui permettent
une datation approximative, comme la *Casina*, où il est
question du scandale des Bacchanales, en 186. La critique interne de l'œuvre n'apporte pas de réponses déci-
sives. Comme Plaute semble avoir amplifié au fil des
années la place de la musique, l'étude de la propor-
tion des *cantica* dans chaque pièce permet sinon une
datation, du moins une chronologie relative et approximative.

Varron, pour opérer son choix, avait déterminé les
critères stylistiques qui caractérisaient l'œuvre de
Plaute, montrant ainsi qu'il avait un style personnel qui
le distinguait des autres poètes dramatiques qui étaient
ses concurrents. L'histoire de la littérature latine écrite
par les Romains, surtout à partir d'Horace, procède par
une montée progressive vers un accomplissement. Le
long de cette montée, comparable à des volées de
marches, on trouve des paliers occupés par des auteurs
qui ont accompli un progrès dans le genre qu'ils prati-
quent. L'histoire de la comédie obéit à ce schéma. Au

pied de l'escalier se trouve le fondateur du genre Livius Andronicus. Ses successeurs Naevius et Ennius ont sans doute fait progresser le genre mais sans réussir le progrès décisif qui est attribué à Plaute. Il occupe donc le premier palier, et la critique littéraire ancienne, classicisante, place Térence sur un palier supérieur. De là la comparaison entre les deux auteurs aussi traditionnelle que la comparaison entre Corneille et Racine.

Or Cicéron, dont le bon goût est en général reconnu, trouvait à Plaute les qualités que, plus tard, on attribuera à Térence. Plaute est pour lui *elegans*, « de bon goût, » *ingeniosus*, « inventif », *facetus*, « enjoué », en un mot *urbanus*, « spirituel comme on l'est à Rome », et c'est le plus beau compliment que puisse faire Cicéron[3]. La lecture du *Pseudolus* ne contredit pas ce jugement. Térence, certes, est différent de Plaute, mais il est erroné de penser qu'il représente la distinction urbaine en face de la rusticité de Plaute. Il écrit dans une langue plus régulière un théâtre plus statique, où la part de la musique est limitée, où l'influence grecque est plus sensible.

Les différences entre les deux poètes tiennent à la différence des époques où ils ont vécu. Plaute est contemporain des deux premières guerres puniques, puis de leur retentissement dans tous les domaines, aussi bien économique que moral ou religieux. Il écrit à la charnière de l'histoire républicaine. Son attachement aux anciennes formes du théâtre italien, qui se manifeste alors même qu'il transpose des pièces grecques, est caractéristique d'une époque qui hésite encore entre l'attachement obstiné au passé et les tentations grecques.

---

3. Cicéron, *De officiis*, I, 29, 104. Les mots de la critique littéraire sont difficiles à traduire. Tous désignent une qualité d'esprit qui participe à la notion générale d'*urbanitas*, elle-même intraduisible autrement que par un je ne sais quoi propre à l'esprit de l'*Vrbs* par excellence qu'est Rome. Voir aussi *De oratore*, III, 12, 44.

L'année du *Pseudolus*, les légions romaines battent le roi Antiochus à la bataille des Thermopyles. L'impérialisme romain est en marche, la décadence de la République est proche. Plaute est mort l'année où Caton l'Ancien fut censeur, dans le même temps que naissait Térence. On sait que malgré les efforts de Caton l'hellénisme, soutenu par les Scipions, protecteurs de Térence, va envahir Rome. Le théâtre de Térence est une des marques de cette invasion.

Il reste donc que Plaute pose une énigme. On ne sait comment ce provincial, sans fortune, ce clown, a acquis une maîtrise de la langue latine telle qu'il pût en jouer avec la virtuosité que manifeste chacune de ses œuvres.

Bibliographie sommaire

Les pièces de Plaute selon le classement alphabétique des manuscrits sont :

Amphitryon ?
Asinaria (La Comédie des ânes), sans doute la première comédie de Plaute, représentée en 212.
Aulularia (La Marmite), vers 194 ?
Bacchides (Les Bacchis), vers 189 ?
Captiui (Les Prisonniers), vers 190 ?
Casina (La Fille de la cabane), en 186, ou après cette date.
Cistellaria (La Comédie de la corbeille), vers 204.
Curculio (Le Charançon), 197 ?
Epidicus ?
Menaechmi (Les Ménechmes), vers 206 ?
Mercator (Le Marchand), vers 207 ?
Miles gloriosus (Le Soldat fanfaron), 191 ?
Mostellaria (La Comédie du fantôme), 205 ?
Persa (Le Perse), vers 196 ?
Poenulus (Le Carthaginois), vers 189 ?
Pseudolus (L'imposteur), 191.
Rudens (Le Cordage) ?
Stichus ?
Trinummus (Les Trois écus), 188 ?
Truculentus (Le Brutal), 189.

Ces vingt comédies sont publiées :
- dans la Collection des Universités de France, texte et traduction par A. Ernout, sept volumes, 1932-1940 (tomes 1 et 2 revus par Ch. Dumont, 1989) ;
- dans la « Bibliothèque de la Pléiade », *Plaute et Térence. Œuvres complètes*, traduction seule par P. Grimal, Gallimard, 1971 ;
- dans la Collection *Folio*, reprise de la traduction de la « Bibliothèque de la Pléiade », avec une nouvelle préface de P. Grimal, Gallimard, 1991.

Outre les préfaces d'A. Ernout pour la CUF et de P. Grimal pour Gallimard, la bibliographie peut se réduire aux deux livres de Fl. Dupont :
- *L'Acteur-roi*, Paris, Les Belles Lettres, collection REALIA, 1985.
- *Le Théâtre latin*, Paris, Armand Colin, 1988,
et à un manuel de versification latine, par exemple L. Laurand et A. Lauras, *Manuel des Études grecques et latines*, fasc. III, 12e éd., Picard, Paris, 1957, que l'on pourra compléter par l'ouvrage récent de Jean Soubiran, *Essai sur la versification dramatique des Romains : sénaires iambiques et septénaires trochaïques*, Paris, Éd. du CNRS, 1988.

CONSPECTVS METRORVM

PSEVDOLVS

Argumenta I et II, Prologus, vv. 3-132. Senar. iamb.

133-137	Octon. anap.
138	Septen. troch.
139	Dim. troch.
140	Septen. troch.
141	Colon Reizianum.
142-144	Octon. troch.
145	Septen. troch.
146-152	Octon. iamb.
153	Septen. iamb.
154	Octon. iamb.
155-156	Septen. iamb.
157-158	Octon. iamb.
[159-160	Septen. iamb.? *Versus corrupti et verisimiliter post Plautum additi.*
161-164	Octon. troch.
165-168	Octon. anap.
169-170-171	Octon. iamb.
172	Septen. iamb.
173	Octon. troch.
174-175	Octon. anap.
176-177	Septen. anap.
178-180	Octon. anap.
181	Septen. anap.
182-184	Octon. anap.
185-186	Octon. iamb.
187	Dim. iamb. catalect.
188-192	Octon. iamb.
193	Sen. iamb.
194	Octon. troch.
195ᵃ-195ᵇ	Dim. troch. catal.
196	Septen. troch.

197-198	Octon. troch.
199-200	Septen. troch.
201	Octon. troch.
202ª-202ᵇ	Dim. troch. catal.
203	Octon. troch.
204	Septen. troch.
205ª-205ᵇ-206	Dim. iamb. acatal.
207ª	Octon. troch. 207ᵇ Dipod. troch. catal.
208	Octon. iamb. *Cf. apparat. crit.*
209-210	Octon. troch.
211-213	Dim. troch. catal.
214	Septen. troch.
215	Octon. troch.
216-217	Dim. troch. catal.
218	Octon. troch.
219	Septen. iamb.
220	Septen. troch.
221	Octon. troch.
222	Dim. troch. catal.
223	Septen. troch.
224	Dim. troch. catal.
225	Octon. troch.
226	Septen. troch.
227	Octon iamb.
228	Octon. troch.
229	Septen. troch.
230	Octon. anap.
231	Septen. anap.
232	Octon. anap.
233-235	Septen. anap.
236(?)-237-238	Septen. anap.
239ª-239ᵇ	Dim. anap. acatal.
240ª-240ᵇ-241	Dim. anap. acatal., *ut uid.*
242ª-242ᵇ	Dim. anap. acatal. et catal.
243	Octon. troch.
244-248	Tetram. bacch.
249	Octon. troch.
250-254	Tetram. bacch.
255-256	Incertus; *u. adnotationem in appar.*
257-258	Tetram. bacch.
259	Tripod. troch. catal. bis posita.
260-261	Tetram. cret. acatal.
262	Dim. cret. acatal. et tripod. troch. catal.

263ª-263ᵇ	Incerti; *fortasse* trim. cret. acatal. : Qui fuit nunc / qui sit ip/sus sciat Ambula / tu. Potin ut / semĕl modo.
264	Dim. cretic. cum clausula troch. - iamb. (ithyphallico).
265-393	Septen. troch.
394-573	Sen. iamb.
574-575	Octon. anap.
576-577	Septen. troch. + Dim. troch. catal.
578	Septen. troch.
579	Dim. troch. catal.
580	Octon. anap.
581-582	Tetram. bacch.
583	Octon. anap.
584-585ªᵇ	Septen. troch.
586	Anapaest. incertus (trim. anap. + dim. anap. *facit Leo*)
587	Octon. anapaest., *si legas cum Leo* (Post (ego) ad *uel cum Lindsay* Postid ad *in primo* *hemistichio, et in altero* : mĕum ĕxĕr/cĭtŭm prō/tinŭs āb/ducam *cum syllaba finali uocis* exercitum *breui facta; cf. Lindsay Early latin* *verse, p. 297.*
588	Octon. anapaest.
589	Septen. iamb. (*uel* uersus Reizianus).
590	Octon. troch.
591	Dim. anap. acatal.
592-598	Octon. anap. (*si legas in altero hemistichio u.* 593 : ĕt huic quām / rĕm āgāt / hīnc dăbo ĭn/sĭdĭās)
599	Dim. anap. catal.?
600	Octon. iamb.
601ª-601ᵇ	Duo dim. anap. (*uel* Octon. anap.).
602	Octon. anap. hyperm.
603	Octon. anap.
604-766	Septen. troch.
767-904	Sen. iamb.
905-907	Octon. anap.
908	Septen. anap.
909ª-909ᵇ	Dim. anap. catal.
910-912	Octon. anap.
913ª-913ᵇ	Dim. anap. acatal. (*uel* Octon. anap.).
914	Septen. troch.
915	Septen. iamb.

916-918	Dim. anap. catal.
919	Octon. iamb.
920-921	Tetram. cret. acatal.
922	Dim. iamb. hypercatal.?
923ᵃ-923ᵇ-923ᶜ-924ᵃ-924ᵇ	Dim. iamb. acatal.
925	Troch. septen. (*uel* 2 Dim. iamb. acatal.).
926-930	Tetram. cret. acatal.
931	Dim. anap. cum clausula Reiziana?
932-935	Tetram. cret. acatal.
936	Colon Reizianum.
937-938	Septen. anap.
939ᵃ	Octon. anap. hyperm.?
939ᵇ	Septen. anap. (*uel* 2 Dim. anap.).
940	Septen. anap.
941-942	Octon. anap.
943	Septen. anap.
944	Octon. anap.
945-946	Septen. anap.
947-948	Octon. anap.
949	Septen. anap.
950	Incertus. « *Claudit anapaestos paroemiacus, canticum clausula trochaica* » (*Leo*).
951-997	Septen. troch. (954 *corruptus uidetur*).
998-1102	Sen. iamb.
1103-1104	Octon. anap.
1105-1106	Tetram. bacch.
1107	Septen. troch.
1108	Dim. cret. acatal.
1109	Tripod. troch. catal. bis posita.
1110	Dim. anap. catal.
1111-1112	Octon. anap. (*si legas* fŭī).
1113	Troch. septen.
1114-1115	Incerti.
1116-1117	Dim. cret. acatal.
1118	Tetram. cret. acatal.
1119	Trim. cret. acatal.
1120	Octon. anap.
1121	Septen. anap.
1122	Monom. anap. acatal.
1123-1125	Septen. troch.
1126	Tetram. bacch.
1127	Incertus (*corruptus uidetur*).
1128-1130	Tetram. bacch.
1131ᵃ	Incertus (*Trochaicus*?).

1131[b]	Dim. troch. catal.
1132	Dim. anap. (*uel* Tetrap. troch.).
1133	Octon. troch.
1134-1135	Septen. troch.
1136-1245	Septen. troch.
1246-1247	Tetram. bacch.
1248-1249	Tetram. cret.
1250	Dim. anap.
1251-1252	Tetram. bacch.
1253	Septen. anap.
1254	Dim. iamb. catal. bis positus (u. Reizianus).
1255-1256	Incertus. *Duo cola Reiziana + dim. iamb. facit Leo.*
1257	Septen. iamb.
1258	Dim. iamb. acatal. (*cum hiatu post* 'esse).
1259-1260	Octon. troch.
1261	Octon. anap.
1262-1264	Incerti (*corrupti uidentur*).
1265-1266	Tetram. bacch.
1267	Tripod. troch. catal. bis posita.
1268[a]	Dim. iamb. acatal. uel catal.
1268[b]	Dim. iamb. catal.
1269	Octon. troch.
1270-1271	Tetram. bacch.
1272	Septen. iamb.
1273	Octon. troch.
1274-1275	Incerti (*corrupti uidentur*)[1].
1276	Tetram. bacch. (*uel* palimbacch.).
1277[a]	Dim. iamb. acatal.
1277[b]	Incertus (Iamb.?).
1278[a]	Dim. iamb. acatal.
1278[b]	Dim. anap. catal.
1279	Troch. septen.
1280[a]-1280[b]	Tripod. troch. catal. bis positae.
1281-1282	Tetram. bacch.
1283-1284	Octon. troch.
1285-1287-1288	Dim. cret. acatal. et tripod. troch. catal.
1286	Dim. cret. acatal. + _∪∪∪_
1289-1290	Tetram. cret. acatal.
1291	Dim. iamb. acatal.

1292   Dim. cret. acatal. et tripod. troch. catal.
1293   Tripod. troch. catal. bis posita.
1294   Dim. cret. acatal. et tripod. troch. catal.
1295   Septen. anap.
1296   Dim. cret. acatal. et tripod. troch. catal.
1297   Dim. anap. catal.
1298-1299   Tetram. cret. acatal.
1300   Dim. cret. acatal. et tripod. troch. catal.
1301   Idem qui 1286.
1302   Tripod. troch. catal. bis posita.
1303-1304   Tetram. cret. acatal.
1305   Dim. iamb. acatal.
1306-1307   Tetram. cret. acatal.
1308-1309   Tripod. troch. catal. bis posita.
1310   Tripod. troch. catal. bis posita.
1311   Dim. cret. acatal. et tripod. troch. catal.
1312   Idem qui 1286 et 1301.
1313   Septen. troch.
1314   Dim. cret. acatal. et dim. troch. acatal.,
                  ut uid.
1315-1316   Octon. anap.
1317-1319   Dim. anap. catal.
1320   Incertus.
1321   Septen. anap.
1322-1324   Octon. anap.
1325-1327   Septen. anap.
1328-1329   Octon. anap.
1330   Trim. bacch. catal.
1331-1333   Tetram. cret.
1334-1335   Continuatio bacchiaca :

       Vŏcărĕ nĕc | ĕgo ĭstōs | Vērūm sūl|tĭs ădplaŭ   1334ᵃ
       dĕre ātque ăd|prŏbăre hūnc | grĕgem ēt fă   1334ᵇ
       bŭlam īn crās|tĭnūm uŏs | uŏcăbō.   1335

TABLE

Ce volume,
le trente-troisième
de la collection « Classiques en poche »,
publié aux Éditions Les Belles Lettres,
a été achevé d'imprimer
en décembre 2010
sur les presses
de la Nouvelle Imprimerie Laballery
58500 Clamecy, France

Dépôt légal : janvier 2011
N° d'édition : 7164 - N° d'impression : 012120

Imprimé en France